豊かな人生

平和を探す旅

小川 俊弘

目次

まえがき

「どうしたら戦争しないで済むか」をテーマに書きはじめました。途中でウクライナ戦争が勃発し、殺人、強盗、強姦、拷問、暴力、誘拐などの犯罪が行われました。

戦争は国土の破壊だけでなく、人びとの人生や心も損ないます。いつの日か戦争は終わると思いますが、人びとの心の傷が癒えることはないでしょう。平和は何もしないで得られるものではなく、政治家や人びとの不断の努力が必要です。

グローバル社会にあって、海外で暮らす人も増えています。森鷗外はドイツへ留学したときに、日本を「夢の国」と呼んでいます。鷗外は日本人であることに自信と誇りをもっていたと思うのです。

日本と世界の関わり合いを知るために、古代メソポタミア文明から現代までを入れてみました。平和な日々が続くことを願いつつ……。

プロローグ

目標を持って人生を歩むことは、
羅針盤《らしんばん》を頼りに、大海原《おおうなばら》を航海するのに似ています。

八〇年という歳月は、
何かを成し遂げるのに、ちょうどよい時間です。

ゆっくりと穏やかに、
そして、着実に歩んで行きましょう。

やがて、希望が生まれ、勇気に溢《あふ》れて、
豊かな人生が、見えてくるのです。

近年の科学技術の進歩には、目覚ましいものがあります。宇宙旅行すら、夢ではない時代になってきました。日々の生活のスピードは増し、人びとは、それぞれの忙しい毎日を送っています。

ある時、ふと立ち止まり振り返ってみると、朝起きて仕事に出掛け、夜帰って寝るといった基本的な生活は、それ程変化のないことに気がつきます。

自然界では、同じ時期に同じように風が吹き、花が咲き、雨が降り、実が生《な》って、雪が降り、季節は巡ります。

ところで幸福な人生とは何かというと、それは一人ひとり異なります。

それでは、豊かな人生と言ったときはどうでしょうか。多くの人びとに何か共通のものがあるのではないでしょうか。

本書では豊かな人生について、「働くこと」、「目標を持つこと」、「資産を持つこと」の三つに分け、読者の皆さんと一緒に見ていくことにします。

第一章　働くこと

1　アリとキリギリス

アリとキリギリスが広い野原に住んでいた。アリは冬の用意に貯えるため、せっせとたくさんの穀粒《こくりゅう》を集めていた。アリたちは自分たちの楽しみになるようなことをめったにしなかったので、彼らの陽気な隣人のキリギリスはとうとうアリのことなどほとんどかえりみなくなった。

霜がやってくると、アリは働けなくなったし、キリギリスは陽気に騒げなくなった。ところがある晴れた冬の日に、アリたちがその穀粒をひなたにひろげて乾かしていると、たまたま一匹のキリギリスがほとんど飢え死にしそうになって、通りかかった。

「こんにちは、アリさん」とキリギリスは言った。「少しばかり食べ物を貸していただけない？　来年の今ごろまではきっとお払いするわ」

「ご自分の食べ物がないなんて、どうしたっていうんです？」と一匹の年とったアリが尋ねた。「わしらが夏じゅう住んでた野原には、しこたまあったじゃありませんか。それに、あなたがたはなかなか活動してらしたようですのに、なにしてらしたんです！」

「ああ」とキリギリスは飢えを忘れて言った。「わたし一日じゅう歌ってましたわ、それからまたひと晩じゅう」(『イソップ物語』研究社出版/寺西武夫訳注)

この物語をつくったイソップ(アイソーポス)という人物は、紀元前六世紀頃にいた古代ギリシャの寓話《ぐうわ》作家である。イソップの実在を、疑う人もいる。しかし古代ギリシャの歴史家ヘロドトスが書いた文献で、その存在を認めることができる。プラトンやアリストテレスも、イソップの寓話について言及している。

イソップ寓話集には、彼の作品だけでなく、他の国で話されていた民話なども含まれている。魚、鳥、昆虫、爬虫類、哺乳類などの動物、植物、神、多彩な人びと、自然現象などを題材にした寓話は、世のなかの道徳や教訓を寓意している。

紀元後一世紀の修辞学者テオンは寓話を、「寓話(ミュートス)は真実に似せた作り話(ロゴス・プセウデース)である」と定義している。

日本では一六世紀後半に、カトリック教会の宣教師が、イソップ寓話集を紹介している。これよりも前に、他のルートで伝来したという寓話が複数ある。江戸時代の初期には、『伊曾保《いそほ》物語』として出版されている。「アリとキリギリス」の他に、「ウサギとカメ」や「北風と太陽」も、日本ではよく知られている。

働くことが大切であるという「アリとキリギリス」の寓話と教訓は、二千数百年を経た今日になっても永く生き続けている。

アリは食糧のなくなる寒い冬に備えて、野原の穀粒を集めて貯《たくわ》えるために、夏じゅうせっせと働き続けた。一方キリギリスは、働かないで夏じゅう歌って遊んでいたので、寒い冬がやってくると、貯えの食べ物がなくてすっかり困ってしまった。

世間を渡る厳しさは、今も昔も変わらないようである。先を考えコツコツと目標を持って働くことは、人生を豊かに過ごす「核《かく》」となるのである。

2　衣食足れば栄辱を知る

一国の支配者たるものは、四季を通じて生産計画を円滑に進ませ、経済を豊かにさせるよう配慮しなければならない。

物資が豊富な国には、どんなに遠くからでも人民は集まってくるし、開発が進んだ国からは、逃げ出す人民はひとりもいない。日々の暮らしにも事欠く者に、礼儀を説いたとてなんになろう。生活にゆとりができさえすれば、道徳意識はおのずと高まるものだ。

君主が財政上の無理をしないこと、これが民生安定の根本である。生活が安定すれば、人民は礼《れい》・義《ぎ》・廉《れん》・恥《ち》の徳をよく守り、かくして、君主の威令は国のすみずみまでゆきわたる。

支配者たるものは、なによりも経済を重視しなければならぬ。刑罰などは二義的なものにすぎない。まず民生を安定させ、道徳意識を高めること、これが国家存立の基礎である。さてその上で、神霊・宗廟《そうびょう》・祖先を崇拝する。つまり宗教心を涵養《かんよう》し、人民を

教化することだ。（『管子《かんし》』徳間書店／松本一男訳）

「衣食足れば栄辱《えいじょく》を知る」は、『管子』のなかにある牧民篇の記述である。『管子』は、春秋時代の紀元前七世紀頃に、いまの中国の山東省で繁栄していた斉《せい》の君主桓公《かんこう》により、宰相《さいしょう》に登用《とうよう》された管仲《かんちゅう》の言行を記録した書籍である。

桓公は、まだ君王になる前の公子小白《しょうはく》であったころ、管仲が教育係をしていた公子糾《きゅう》と相続争いで戦った。この戦いで、公子糾は公子小白に敗れ殺されてしまった。

公子小白の教育係であった鮑叔牙《ほうしゅくが》は、かねてより能力を認めていた親友の管仲を推挙した。こうして管仲は、敵として戦った小白の下《もと》で仕えることになった。

小白が斉の君主桓公になると、管仲は宰相に登用され、四十数年のあいだ政治家や思想家として活躍した。

管仲と親友鮑叔牙の友情は、「管鮑《かんぽう》の交《まじ》わり」といわれている。

「衣食足れば栄辱を知る」は、日本では「衣食足りて礼節を知る」という言葉でよく知られている。読みくだし文である、「倉廩《そうりん》実《み》つればすなわち礼節を知り、衣食足ればすなわち栄辱を知る」という言葉がいいあらわしているように、物質的豊かさを重く見る思想は、『管子』の根幹をなしている。

牧民とは、民を牧する、すなわち人民を飼育する、という意味がある。つまり牧民篇には、君主が人民を養うにはどうすればよいか、ということが記されている。現代風にいうならば、国家が国民を養うにはどうすればよいか、ということである。

古代と現代、あるいは君主制と民主制、という国家観の違いはありながらも、経済を発展させて物資が豊富になれば、人びとの生活は豊かになり、道徳意識が高まって犯罪も減少する、という思想は現代の政治と共通している。

またどんなに働きたくても、雇用がなければ失業してしまう。経済が発展して雇用が創出され、生活が安定すれば、おのずと道徳意識が高まり、豊かな人生を送ることができるのである。

3　アリストテレス

アリストテレスは、「自由市民」の資格を、奴隷と比較して、自らの知的判断力によって政治に参加し、すべての政治問題について行為する能力を有するもの、すなわち、理性を十分に具有しているものが政治的自由市民であるとのべている。しかし、かれの主張によれば、そのような知・徳をそなえた市民であるためには、健全な家庭を保持すること、そのような家庭を維持する程度の財産を保有すること、すなわち、市民の能力・財産が同じ程度の相対的同質社会においてのみ、民主政治すなわち市民の政治参加が可能となるという考え方がみられる。

アリストテレスの結論は、政治に参加する市民のすべてが、生活に十分にしてほどほどの財産をもち理性を発揮するときに、善《よ》き政治が行われ、ポリスの最高善の状態が導きだされるということである。(『政治学体系論』法学書院／佐竹寛著)

アリストテレスは、紀元前四世紀の古代ギリシャにいた哲学者である。「万学の祖」といわれているように、哲学・政治学・倫理学・形而上学《けいじじょう》・論理学・演劇学・詩学・自然学・動物学・天体学・気象学など、近代の学問体系にはかり知れない影響を及ぼしている。エジプトやペルシャを征服し、インドにまで遠征したアレクサンドロス大王の師匠としての顔も、よく知られている。

アリストテレスは、「日々の用のために自然に即して構成せられた共同体が家であり、一つ以上の家から先《ま》ず最初のものとして出来た共同体は村であり、一つ以上の村から出来て完成した共同体が国である」と述べている。

ここで言う国とは、ポリス（都市国家）であり、家とは家族のことである。

ポリス（都市国家）は、今日の国家とは異なる面をもっていた。

国の人口について、「生活の自足を目標に、一目でよく見渡し得る数の範囲内で、出来るだけ膨張した人口が国の最善の限界である」と述べている。そして、「国民がお互いにどのような性質のものであるのか、ということを知り合っていなければならない」というのである。

人間については、「人間は自然的に〔本性上〕ポリス〔国〕的動物である」と定義している。

そして、「何故なら自然は、何ものをも無駄に作りはしないのに、動物のうちで言葉をもっているのは、ただ人間だけだからである」と述べている。つまり、あらゆる動物のなかで、人間だけが言葉をもっているので、ポリス（都市国家）を形成することができると結論する。

さらに、「言葉は有利なものや有害なもの、従ってまた正しいものや不正なものをも明らかにする為に存するのである。そして家や国を作ることの出来るのは、この善悪等々の知覚を共通に有していることによってである」と述べている。すなわち、家族やポリス（都市国家）をつくることができるのは、人間が言葉によって、有利なものや有害なもの、正しいものや不正なもの、あるいは善悪などについて、知覚することができるからであるとする。

家について、「凡ての国は家々から構成されている。家の最初で最小の部分といえば、主人と奴隷、夫と妻、父と子である。これら三つについてその各々は何であるか、それは主従関係、婚姻的関係、第三に子供作りの関係である」と述べている。

イギリスのM・H・サッチャー元首相は、「社会などというものは存在しない。存在するのは、男、女という個人と家族だけだ」と述べている。このように、国家は家族から構成されている、という国家観はアリストテレスと同様である。

こうして古代ギリシャから現代にいたるまで、国家は家族から構成されている、という思想は生き続けている。

しかし、家族の構成員は、時代の変遷とともに変化してきている。

古代ギリシャの家族は、主人と奴隷、夫と妻、父と子であった。

封建制国家の家族は、主人と使用人、夫と妻、父と子であった。

現代の家族は、夫と妻と子供が主である。

これらのことから、働くことの目的のひとつは、家族を養い、子供を教育し、市民としての役割を担うことであり、かくして政治的自由市民の働きにより現代における最高善が達成される、ということができる。

4　働くことの意味

これまで述べてきた、「アリとキリギリス」、「衣食足れば栄辱を知る」、「アリストテレス」から、働いて安定した生活を営むことが、豊かな人生に導く要素であることを知ることができた。

けれども毎日忙しく仕事をしていると、自分は何のために働いているのだろうか、という疑問をもつことがある。ただ生活のためだけに働いていることに、疲れてしまう瞬間である。

そんな疑問について考えさせられるときに、三島由紀夫はあるインタビューのなかで、つぎのように述べている。

　人間の生命というものは不思議なもんで、自分のためだけに生きて、自分のためだけに死ぬ、というほど人間は強くないです。
　というのは、人間はなんか理想なり、何かのためということを考えているので、生きるのも自分のためだけに生きることには、すぐに飽きてしまう。

すると死ぬのも何かのため、ということが必ずでてくる。それが昔言われた、大義というものです。(YouTube)

ヴィクトール・E・フランクルは、自著である『夜と霧』のなかで、つぎのように述べている。

このひとりひとりの人間にそなわっているかけがえのなさは、意識されたとたん、人間が生きるということ、生きつづけるということにたいして担っている責任の重さを、そっくりと、まざまざと気づかせる。自分を待っている仕事や愛する人間にたいする責任を自覚した人間は、生きることから降りられない。まさに、自分が「なぜ」存在するかを知っているので、ほとんどあらゆる「どのように」にも耐えられるのだ。

三島由紀夫とヴィクトール・E・フランクルは、同様のことをいっている。
自分のためだけに生きるということになると、どこか行き詰まってしまう。人間は、自分のためだけに生きて死ぬ、というほど強くはなく、なにか理想なり何かのため、ということを思いながら生きている。また愛する人や自分を待っている仕事が、生きる力を与えてくれるのである。

このように何かのため、誰かのため、ということを自然と考えるようになり、意識して探し求めることもある。人びとは意識する、あるいは意識しないにかかわらず、日常生活のなかで似たような体験をしている。

子供が、学校のテストでよい点数をとったり、習字で賞状をもらったり、運動会の徒競走で一等賞をとったりしたときなどは、まっさきに自分の親に報告する。子供は自分の親に褒《ほ》めてもらうことが、一番嬉しいのである。

ところがもし待っている人が、誰もいなかったとしたら、子供はどんなに寂しい思いをすることだろう。

仕事についても、同じようなことがいえる。

職場では、自分の仕事を待っているお客様がいる。家に帰れば、自分を心待ちにしている家族がいる。

自分の仕事を待ち侘びているお客様や愛する家族がいるので、多少苦しかったり、困難に遭遇しても、仕事から「降りる」ことを踏みとどまる。

このように考えてくると、「働くことの意味」というのが少しずつ見えてきた。そして、それは一人ひとりが、みずから見いだすものなのである。

第二章　目標を持つこと

1　目標を持つ

勇気と希望、あるいはその喪失といった情調と、肉体の免疫性の状態のあいだに、どのような関係がひそんでいるのかを知る者は、希望と勇気を一瞬にして失うことがどれほど致命的かということも熟知している。仲間Fは、待ちに待った解放の時が訪れなかったことにひどく落胆し、すでに潜伏していた発疹チフスにたいする抵抗力が急速に低下したあげくに命を落としたのだ。未来を信じる気持ちや未来に向けられた意志は萎《な》え、そのため、身体は病に屈した。そして結局、夢のお告げどおりになったのだ……。

すでに述べたように、強制収容所の人間を精神的に奮い立たせるには、まず未来に目的をもたせなければならなかった。被収容者を対象とした心理療法や精神衛生の治療の試みがしたがうべきは、ニーチェの的《まと》を射《い》た格言だろう。

「なぜ生きるかを知っている者は、どのように生きることにも耐える」

したがって被収容者には、彼らが生きる「なぜ」を、生きる目的を、ことあるごとに意識させ、現在のありようの悲惨な「どのように」に、つまり収容所生活のおぞましさに精神的に耐え、抵抗できるようにしてやらねばならない。

（『夜と霧』みすず書房／V・E・フランクル著／池田香代子訳）


ヴィクトール・E・フランクルは、一九〇五年にオーストリアのウィーンで生まれた。ウィーン大学で精神医学を学び、フロイトやアドラーに師事した。そして、彼は独自のロゴセラピー、という心理療法を提唱した。

一九三八年のナチスによるオーストリア併合の後、第二次世界大戦中の一九四二年に、ユダヤ人であるというだけの理由で、フランクルと彼の両親と妻は、ナチスの強制収容所に送られた。両親と妻は収容所で先に死亡し、フランクルだけが二年半余りの収容所生活を経て、一九四五年にアメリカ軍によって解放された。

フランクルは翌年の一九四六年に、強制収容所の体験にもとづいた『夜と霧』を出版した。どうしてこのような本を書くのか、その意図を彼は作品のなかでつぎのように述べている。

強制収容所についての事実報告はすでにありあまるほど発表されている。したがって、事実については、ひとりの人間がほんとうにこういう経験をしたのだということを裏づけるためにだけふれることにして、ここでは、そうした経験を心理学の立場から解明してみようと思う。

このように『夜と霧』は、強制収容所での経験が、心理学の立場から記述されている。しかし過酷で凄惨《せいさん》を極めた強制収容所での生活が、淡々と客観的に描写されているので、かえって恐怖心を増幅させている。

冒頭の『夜と霧』の引用文から、人間が生きていくためには、なぜ生きるのかという生きる「目的」を見いだし、未来に向かって生きる希望と勇気を失ってはならない、ということが分かった。言い換えると、「目標」を持って人生を歩むことにより、未来に向かって生きる希望と勇気が生まれてくるのである。

本書では、「目的」を「目標」という言葉でいいあらわすことにする。

目標を持つということは、さまざまな分野で必要になってくる。

スポーツの世界でもプロ野球であれば、球団は日本一という目標を目指すことになる。日本一になるために戦力を補強し、日々の練習に励み、戦略を立て戦術を練り、試合を戦うのである。途中で優勝から遠ざかり、日本一という目標が果たせなくなっても、今度は来季に向かっての取り組みが始まり終わることがない。

国家においても、目標は明確にしなければならない。

戦後日本は、「経済復興」という目標に向かって歩んできた。

一九五五年から一九七三年までの一八年間は、実質経済成長率が年一〇パーセント前後で推移し、日本の高度経済成長期といわれている。

一九七三年秋の第一次オイルショックを契機に、一九七四年には戦後初めて実質経済成長率がマイナスとなり、その後一九七五年から一九九〇年まで、実質経済成長率は年五パーセント前後で推移した。この間の一九七四年から一九九〇年までが、安定経済成長期である。

一九八六年から一九九一年までのあいだに、実体経済から乖離《かいり》して、株式や不動産などの資産価格が、ファンダメンタルズ（経済の基礎的条件）からみて、適正な基準を大幅に超えて上昇した。

こうした日本の経済的現象を、バブル経済と呼んでいる。

一九九一年にバブル経済が崩壊すると、その後の経済も低迷し、デフレーション、格差の拡大、人口減少、道徳の退行などの諸問題が顕在化しはじめ、いつしか「失われた三〇年」といわれるようになった。

バブル経済崩壊以降の時代と、大正から昭和初期にかけての時代とは、政治的、経済的状況が大きく異なるにしても、「国家が目標を見失った時代」という点では、どこか似ているような気がする。そして一方が戦後五〇年、一方が明治維新後五〇年と、偶然にも符合するのである。

東久邇宮稔彦王《ひがしくにのみやなるひこおう》は、つぎのように述べている。

目の前の小さな現象に目を奪われて、遠い目標を見失ってはならない。

一人ひとりが目標を持つことによって、生きる希望と勇気が生まれ、豊かな人生へと導くのである。

2　人生八〇年

モーセの生涯

紀元前一三世紀頃、イスラエル人でレビの氏族であった父アムラムと母ヨケベドのあいだに、モーセがエジプトで生まれた。

かつてエジプトを飢饉《ききん》から救い、宰相として活躍したイスラエル人ヨセフが死んでから、およそ四〇〇年が経過していた。この間、飢饉に見舞われたカナン地方から、ヨセフを頼ってエジプトにやって来たイスラエルの家族は、子供を産んで人口が増加し、この地に満ちていた。

ヨセフを知らないエジプトの王（ファラオ）は、数が増えて力をつけてきたイスラエル人が、この国を乗っ取るのではないかと警戒していた。そこでファラオは、イスラエル人に生まれた男の子を、すべて殺してしまうよう命じた。

モーセの両親は、生まれてきたかわいい息子を殺すことができなかった。それから三か月ほどして、彼らは防水を施したパピルスの籠に赤ん坊を入れ、ナイル河畔《かはん》に繁茂している葦《あし》のあいだに浮かべておいた。

ファラオの王女が水を浴びようとしてナイル川の岸辺にいると、葦の茂みのなかに籠があるのを発見し、蓋を開けると男の子が泣いていた。かわいそうに思った王女は、この子を自分の子供として育てることにした。

成長してりっぱな成人となったモーセは、ある日のこと、奴隷となって働いているイスラエル人が、エジプト人に鞭《むち》で打たれているのを見た。モーセは辺《あた》りに人がいないのを確認し、このエジプト人を殺して砂のなかに埋めてしまった。

これを知ったファラオは、モーセを殺そうとして捜し回った。追っ手から逃れたモーセは、苦労してやっとミディアン地方に行き着いた。

しばらくしてモーセは、ミディアンで祭司をしていた、エトロの娘ツィポラと結婚した。あるとき、モーセは羊の群れを追って、神の山ホレブに着いた。「ありてある者」という神（ヤハウェ）は、モーセに声をかけて、エジプトで奴隷となって酷使されているイスラエル人を、救い出すよう召命《しょうめい》した。

エジプトに帰ったモーセは、奴隷の身分でいるイスラエルの人びとを、エジプトから去らせるようにファラオと交渉した。モーセは杖《つえ》を蛇にするなどして数々の奇跡を行ったが、ファラオの心はかたくなになり、聞き入れようとはしなかった。最後の災いの夜にヤハウェは、ファラオの初子から奴隷の初子まで、さらに家畜の初子までもことごとく撃ち殺した。

この夜イスラエルの人びとは、家の入口にある鴨居《かもい》と二本の柱に、羊や山羊《やぎ》の血を塗った。そして酵母を入れないパン（マツァ）に、苦菜《にがな》を付けて食べた。ヤハウェは血を塗った家を過ぎ越して、撃つことをしなかった。ヤハウェはこのことを過越《すぎこし》の祭りとして、イスラエルの民が永遠に守らなければならない定めとした。

日本のお正月は、家の入口に「門松」を立て、酵母を入れない「モチ」や、「七草粥」を食べる。これが過越の祭りとよく似ているのは、単なる偶然なのだろうか。

ファラオはその夜のうちにモーセを呼び出し、イスラエルの人びとを連れてエジプトから出て行くよう命じた。

イスラエル人を追い出してしまったファラオは、あとになって後悔し、みずから兵を従えて出陣した。バアル・ツェフォンの前の海辺で宿営していた、イスラエル人たちのすぐそばまで、エジプト軍は迫っていた。

ヤハウェは杖を高く上げ、手を海に向かって差し伸べるようモーセに命じると、海が二つに割れ、イスラエルの部隊は左右にできた水の壁のあいだを渡って、対岸に着いた。これを見たヤハウェは、海に向かって再び手を差し伸べるようモーセに命じると、二つに割れていた海は水の壁が崩れはじめ、あとから海の割れ目に入って進軍していたエジプト軍は、水に呑み込まれて全滅した。

こうしてモーセは、イスラエル民族を率いてエジプトから脱出し、シナイ山において、神（ヤハウェ）とかたくなで不平をつぶやく民イスラエルの契約を執り成した。契約に際して、モーセはヤハウェから、イスラエルの民が守るべき「十戒《じっかい》」を授かった。

このあとモーセとイスラエルの民は、ヤハウェが先祖アブラハムに与えると約束したカナンの地を求めて、四〇年のあいだ荒野を漂浪《ひょうろう》した。その旅は、砂漠や荒野の過酷な環境のなかを彷徨《さまよ》い、食糧難や水不足、外敵の攻撃や自然災害などに苦しめられて困難を極めたが、モーセは忍耐強く、イスラエル民族を約束の地へ導いた。

モーセ自身もヨルダン川を渡り、カナンの地に入ることを望んでいた。しかしヤハウェは憤《ふん》慨《がい》し、彼の祈りを聞き入れようとはしなかった。

モーセは、ヨルダンの東に位置するモアブの平野からネボ山に登り、カナンの地をすべて見渡せるピスガの山頂に着いた。すると彼はヨルダン川を渡ることなく、この地で神のもとへ召されたのであった。

モーセの詩

これから述べる旧約聖書詩編九〇編は、四〇年のあいだ荒野で漂浪生活をしていた、終わりのころにモーセが記したと思われるものである。
この詩編から、モーセの人生観を見ていくことにする。

朝が来れば花を咲かせ、やがて移ろい
夕べにはしおれ、枯れて行きます。(六)

人の生涯がはかないものであることを、一日でしおれ枯れてしまう、花にたとえている。

人生の年月は七十年程のものです。
健やかな人が八十年を数えても
得るところは労苦と災いにすぎません。

瞬《またた》く間に時は過ぎ、わたしたちは飛び去ります。（一〇）

人の生涯は普通七〇年程であり、健康な人でも八〇年である。

人生は労苦と災いばかりで、瞬く間に時は過ぎ、終焉《しゅうえん》を迎えるのである。


生涯の日を正しく数えるように教えてください。

知恵のある心を得ることができますように。（一二）

労苦と災いの多い人生を、どのように生きて行けばいいのか。

それは、一日一日を無駄にしないで、大切に生きて行くことである。

一日一日の積み重ねが将来の自分を形づくり、神（ヤハウェ）は、知恵のある心を授けてくださるのである。

わたしたちの神、主の喜びが
わたしたちの上にありますように。

わたしたちの手の働きを
　わたしたちのために確かなものとし
わたしたちの手の働きを
　どうか確かなものにしてください。（一七）

ヤハウェの恵みでわたしたちを満ち足らせ、一日一日の積み重ねを確かなものとしてくださるように、モーセは祈った。

モーセは、健康な人の生涯は八〇年程である、といっている。そこで目標を持ち、一日一日を積み重ねて将来の自分を形づくり、神に知恵と恵みを得させてくださるよう祈りながら、八〇年という歳月を生きて行くのである。

目標は、見いだすのが十代のときもあれば、二〇代、三〇代……あるいはそれ以降六〇歳を超えることもあり、途中で変わることもある。

わたしたち一人ひとりが、一日一日を大切にして、目標に向かって歩んでいる姿を、モーセはこの詩編を介して見守っているかのようである。

3　徳川家康

徳川家康の遺訓

「人の一生は重荷を背負って遠い道をいくようなものだ。いそぐべからず」

まさに家康の一生は「忍」の一字に尽きた。自重に自重を重ねて、家康はついに天下をとった。この文はさらにこう続く。

「いつも自分の思い通りには行かないと思っていれば、不満はないものだ。高い希望がおこったら、苦しく困ったときのことを考えよ。我慢をすることが無事で長生きできる土台となる。怒りは自分を滅ぼす敵だ。戦いに勝つことばかり知っていて負けることを知らない者は、その身に危害を受ける。自分を責めても、他の人を責めるな。限度を越すより、越さない方がよい」

この遺訓は代々の徳川将軍にも受けつがれ、江戸の長期政権の精神的支柱となったに違いない。

家康は人生について次のようにも言っている。

「人の一生には、三つの変り目がある。一七、八歳のころ、友だちの影響で悪くなることがある。つぎが三十歳のころだ。自分が偉いと思い込んで、年長者をばかにする心が起きてくる。最後は四十歳の自分だ。今までやって来たことばかり考えて、将来を見ようとせず、消極的になる。この三つの変り目には十分注意すべきで、このとき自分の進むべき道をあやまらないのが、偉人である」

いずれも人生の節目に自戒の心を忘れてはならないという警告である。この自戒の念を常に忘れないところが、家康が成功をおさめた根幹と言えるだろう。

（『図解雑学　徳川家康』ナツメ社／中村晃著）

これは、徳川家康の遺訓である。

一五四二年一二月、三河国の岡崎城主・松平広忠と、三河国の刈谷《かりや》城主・水野忠政の娘・於《お》大《だい》の方《かた》とのあいだに、松平竹千代（家康の幼名）が誕生した。

竹千代は六歳から織田家、八歳から一九歳まで今川家で人質生活を送り、成人するにつれてしだいに頭角をあらわしていった。前述の遺訓のなかで、「我慢をすることが無事で長生きできる土台となる。怒りは自分を滅ぼす敵だ」といっているのは、長い人質生活から学んだことなのかもしれない。

一五六〇年五月、一九歳のときに松平元康（後の徳川家康）は、今川家から岡崎城に戻り、戦国大名として勢力を拡大していった。

一五六二年正月、二一歳になった松平元康は、織田信長の居城・清洲城にて、信長と対等の攻守同盟である清洲同盟を結ぶまでになった。

一六〇〇年九月、徳川家康は関ヶ原の戦いで勝利すると、一六〇三年二月には征夷大将軍となり、江戸幕府が成立した。このとき家康は、六二歳であった。

一六一五年五月、徳川家康は大坂夏の陣で、豊臣家を滅ぼした。翌年四月、家康は駿府城にて、七五歳の生涯に幕を閉じた。

徳川家康の生涯は、苦難の連続であった。家康はどうして天下人となり江戸幕府を開くことができたのか、これについて見ていくことにする。

武家による天下統一という目標

下剋上《げこくじょう》

徳川家康が生きた時代は、「公家」による統一国家が崩壊し、「武家」による統一国家が成立する過程において、新しい勢力が古い勢力の富や権力を奪取しようとする、まさに激動の時代であった。

従来の社会制度、価値観、道徳などが崩れ、身分が低くても強い者が政治的権力を奪い取り、戦国大名になることができた。このように身分の下位の者が上位の者を、実力で打ち負かして権力の座につく社会的風潮を「下剋上」と呼び、鎌倉時代以降、とりわけ南北朝時代から戦国時代にわたって多く見られた。

こうして武家による天下統一は、織田信長から豊臣秀吉に引き継がれ、徳川家康によって完成した。

徳川家康は、初陣である寺部《てらべ》城の火攻めのときは一七歳、武田信玄と戦って敗れた三方ヶ原《みかたがはら》の戦いのときは三一歳、織田信長が本能寺の変で明智光秀に討たれたときは四一歳であった。これらは家康が、「人の一生には、三つの変り目がある」といった時期に起きた合戦や事件である。

特に三方ヶ原の戦いで敗れたことは、家康には相当こたえたようである。

前述の遺訓のなかでは、「戦いに勝つことばかり知っていて負けることを知らない者は、その身に危害を受ける」といっている。また、「つぎが三十歳のころだ。自分が偉いと思い込んで、年長者をばかにする心が起きてくる」ともいっている。家康は自身の戒めのために、「三方ヶ原戦役画像」という肖像画を描かせ、生涯忘れることがないようにした、という説もある。

ここで、徳川家康と名乗るまでの軌跡を辿ってみることにする。一五五五年、一四歳のときに、元服して今川義元から「元」の一字をもらい、竹千代から松平元信に名を改めた。一五五七年、一六歳のときに、義元の姪にあたる築山殿《つきやま》を正室にむかえ、尊敬していた祖父の松平清康から「康」の一字をとり、松平元康とした。

一五六二年、駿府で今川方の人質になっていた妻・築山殿、嫡男《ちゃくなん》・信康、娘・亀姫を人質交換によって救出すると、一五六三年、二二歳のときに、今川義元の「元」を改めて松平家康となった。一五六六年、二五歳のときには、すでに三河一国の領主となっていて、名字を松平氏から徳川氏に変え、皆知るところの「徳川家康」となったのである。

ここからは、織田信長との清洲同盟から、三方ヶ原の戦いまでに起きた、徳川家康の主な動向を見ていくことにする。

三河の一向一揆

一五六二年正月に結んだ織田信長との清洲同盟により、西へ織田信長、東へ松平元康が、後方の敵を不安に感じることなく、勢力を伸ばすことができた。そしてお互いの敵は、織田家と松平家が、一緒に協力して対戦することにした。

こうして松平元康は、順調に三河の領地を拡大していった。

一五六三年、三河国の西三河で、一向一揆が勃発《ぼっぱつ》した。

浄土真宗本願寺派による一向宗の一揆は、各地で起きていた。戦国時代の一向宗は、今の時代の宗教とは甚だしく異なり、戦国大名に対抗できるくらいの組織力で武装していた。

一揆勢は、「厭離穢土《おんりえど》」（この世はいやだ）、「欣求浄土《ごんぐじょうど》」（あの世へ行きたい）を旗印に掲げ、死を死と思うことなく襲い掛かって戦った。松平家康は信仰による怖さを思い知ることになったが、「武家」による統一国家をつくるためにも、「寺家《じけ》」による勢力拡大を阻止しなければならなかった。

一五六四年一月、一向一揆勢は、松平家康が城主をつとめる岡崎城を攻める作戦を計画し、大久保忠俊が警護する和田の砦《とりで》を襲撃してきた。家康も岡崎城を出て戦い、敵の銃弾を受けたが、鎧《よろい》が丈夫な作りだったので無事であった。

同年二月、大久保忠俊や家臣の勧めで、家康は起請文《きしょうもん》を一揆勢に提案して和議を結び、三河の一向一揆が終息した。

今川家の没落

一五六〇年に起きた桶狭間の戦いで、今川義元は織田信長軍に討ち取られ、義元の息子である氏真《うじざね》が、あとを嗣いだ。ところが氏真は、遊びに耽《ふけ》り政治に熱心ではなかったので、家臣からも見限られ、今川家は衰退していった。

一五六七年、徳川家康の嫡男・信康に、織田信長の娘・徳姫が嫁入りしてきた。これにより家康と信長の同盟関係は揺るぎないものとなり、家康は今川領である東の遠江《とおとうみ》と駿河に勢力を伸ばすことにした。

一方で、甲斐（山梨県）の武田信玄は、北から海のある駿河を狙っていた。

一五六八年、大井川を境にして、家康は西から遠江を攻め、信玄は北から駿河に向かって進軍した。

このとき信玄に命じられた重臣の山県昌景は、「大井川を境と決めて、家康が西の遠江を、また信玄が東の駿河を、それぞれ攻撃して領有しようではないか」といって家康に提案した。家康はこれを了承し、東西二方向から攻められた氏真は、窮地に追い込まれることになった。

今川氏真は、味方から徳川や武田に寝返る者が出て戦う態勢ではなくなり、掛川城に逃れて自害しようとした。これを知った家康は、掛川城に使者を送って思いとどまらせ、氏真は伊豆の戸倉へ逃げて助かった。

その後も勢力に勝る武田勢は、家康を脅かす存在となっていた。そこで徳川勢だけでは武田勢に対抗できないと思った家康は、越後（新潟県）の上杉謙信や相模（神奈川県）の北条氏康と同盟を結んだ。

北条氏との同盟に尽力したのは、氏康の五男の氏規《うじのり》だった。氏規は今川家の人質時代に、家康と一緒に遊んだ仲間でもあった。

朝倉討伐と姉川の戦い

一五七〇年四月、織田信長から要請を受けた徳川家康は、越前（福井県）の一乗谷《いちじょうだに》城主・朝倉義景の討伐に向けて、浜松城から五千の兵を引き連れて進軍し、京都で織田軍二万五千の兵と合流した。

同月二七日、織田・徳川両軍が木ノ芽峠のふもとにいると、北近江《おうみ》（滋賀県）の小谷城《おだにじょう》主・浅井《あざい》長政が謀反《むほん》を起こし、このままだと挟み撃ちにされてしまうと思った信長は、全軍に撤退命令を下した。木ノ芽峠の敵陣近くで野陣をはっていた家康は、みずから鉄砲を撃って戦い、激戦の末なんとか無事脱出することができた。

同年六月、木ノ芽峠の敗戦のあと、信長の策略によりおびき出された、小谷城の浅井長政勢と大寄山《おおよせやま》の朝倉景健《かげたけ》勢一万の兵は、姉川を挟んで北岸に陣をかまえた。これに対して、織田勢二万三千と徳川勢六千の兵が、南岸に陣をとって対峙した。

同月二八日、朝倉義景の本隊が来ないことにしびれを切らせた浅井・朝倉景健軍は、織田・

徳川軍に攻撃を仕掛け、はじめのうちは浅井・朝倉軍に、戦いは優勢に進んでいた。しかし家康の榊原《さかきばら》康政隊が姉川を渡り、朝倉勢の西方から突進すると戦況は逆転し、浅井・朝倉軍は退却して織田・徳川軍が勝利したのである。

三方ヶ原の戦い

一五七二年一〇月、武田信玄は上洛《じょうらく》して天下に号令しようと思い、二万五千の大軍を引き連れて、西へ向かって進軍した。

徳川家康はこれを聞いて、織田信長に援軍を申し入れた。

信長は三千の援軍を向かわせることにしたが、勝つ見込みのない戦いを避けたかったので、「浜松城から岡崎城に戻り、信玄と外交で時間を稼いでいるあいだに、作戦を練り直した方がよいだろう」といって家康に助言した。しかし家康は、信長の助言を聞き入れることもなく、浜松城から出なかった。

同年一二月、武田勢は浜松城の近くを通り過ぎて、三方ヶ原の台地に向かった。そこで家康は、三方ヶ原の台地から、祝田《ほうだ》の坂を下って進軍する武田勢を、高所から追撃する作戦を立てた。

ところが信玄におびき出されたことを知らない、徳川勢八千と織田勢三千の兵は、祝田の坂を下ろうとするところで待ちかまえていた、武田勢の襲撃に遭遇した。最強の騎馬軍団を有する武田勢に、作戦を見破られていた徳川・織田勢は惨敗し、家康は退却して、命からがら浜松城にたどり着いたのであった。

徳川家康の目標

清洲同盟からはじまり、三方ヶ原の戦いまでを見てきたが、この一〇年間余り、徳川家康は戦いに次ぐ戦いの連続であった。

このような状況にあっても、家康は家族や家臣、人質時代の関係者を大切にしていたことが分かる。

つまり家康は、母・於大の方の兄・水野信元が、織田信長の命を受けた使者として登城《とじょう》し、攻守同盟を提案してきたので、信長と清洲同盟を結び、今川家の人質になっていた妻・築山殿と二人の子供を救出した。また今川氏真は伊豆の戸倉へ逃げて助かり、今川家人質時代の仲間であった北条氏規の尽力により、父の氏康と同盟を結んだのである。

その後も幾多の苦難が、家康を待ち受けていた。下剋上といわれた戦国時代にあって、家康は何度も死を覚悟している。さまざまな苦難を乗り越えて、徳川家康を七五歳まで支えたものは、一体なんであったのだろうか。

それは、「戦乱の世を終わらせるための、武家による天下統一という目標」であった。この目標が困難に立ち向かう勇気を与え、家康を生涯支え続けた。そして徳川家康の目標はついにかなえられて、江戸幕府による中央集権的封建制の統一国家は、二五〇年以上続いたのである。

勉学と修行

徳川家康は今川義元の人質として、八歳から一九歳までの一一年間を駿府《すんぷ》（静岡県）で過ごした。

太原雪斎《たいげんせっさい》は三河（愛知県）の安祥城《あんしょうじょう》を攻略し、城主・織田信広（信長の兄）を生け捕りにすると、三河の田原《たはら》城主・戸田康光に騙《だま》されて、織田家に人質となっていた竹千代を、信広と交換して救出した。

このあと松平竹千代は、今川家の人質となって六年間臨済寺《りんざいじ》に通い、その住職をしていた禅僧の太原雪斎に師事した。

臨済寺は、京都妙心寺《みょうしんじ》・霊雲院《れいうんいん》の大休宗休《だいきゅうそうきゅう》を開山として、今川義元の帰依《きえ》をうけた臨済宗妙心寺派の寺院である。大休宗休の弟子であった太原雪斎が、二代目の住職に就任すると、雪斎は臨済寺を天皇による勅願寺《ちょくがんじ》に昇格させ、今川領内にも臨済宗を布教して、当寺の発展に尽くした。

一五六八年、臨済寺は、武田信玄の駿河侵攻により焼失した。一五八二年、家康は武田氏滅亡の軍功として、信長から駿河国を与えられた。同年、正親町《おおぎまち》天皇の勅命によって家康が臨済寺を再建し、江戸時代まで徳川家の手厚い庇護《ひご》を受けて現在にいたっている。

太原雪斎は僧侶として優れていただけでなく、今川義元の軍師として、政治や軍事、外交などで能力を発揮し、今川家の執権《しっけん》職を担っていた。実際に、雪斎は今川軍を率いて近隣諸国に侵攻し、幾度も勝利していた。

竹千代は兵法の他に、大学や論語など教養となる多くのことを、雪斎から学んだ。一流の軍師である雪斎に師事したことは、戦国大名として歩んでいくうえで、竹千代の人間形成に重要な役割を果たした。

　同じように今川家の人質となっていた、北条氏規をはじめとする友達もできて、竹千代の人質生活は暗くて惨《みじ》めなものではなかった。竹千代は雪斎や周囲からの期待が大きく、聡明で人望もあったことをうかがい知ることができる。

生母・於大の方

　徳川家康を語るときに、生母・於大の方を忘れることはできない。一五二八年、尾張国の緒《お》川《がわ》城主・水野忠政と、その妻・於富《おとみ》の方《かた》とのあいだに於大の方が生まれた。

　勢力を拡大して三河国の大名となっていた、岡崎城主・松平清康（家康の祖父）が水野氏を破り、一五三一年に於富の方は、やむなく水野忠政と離縁して清康に嫁いだ。

　一五三三年、於富の方が松平家へ輿入れしたことにより、水野忠政は緒川の対岸に位置する西三河に刈谷城を築き、勢力を伸ばすことができた。

　尾張の織田信秀（信長の父）に奪い取られていた三河の安祥城は、東の岡崎城主・松平広忠（清康の子）と西の刈谷城主・水野忠政に挟まれていた。そこで一五四一年、織田家の安祥城を、岡崎城と刈谷城で封じ込める政略的な目的から、松平広忠は水野忠政の娘・於大の方を妻に迎えた。

そして翌年の一二月、松平竹千代が誕生した。

このように於富の方と於大の方は、母と子も共に、松平家と水野家の政略結婚であった。

一五四三年、刈谷城主・水野忠政が死ぬと、そのあとを嗣いだ於大の方の兄・信元が、織田方の陣営に入ってしまった。翌年、今川方についていた岡崎城主・松平広忠は、於大の方と離縁せざるをえなくなり、彼女はわずか三歳の竹千代と別れなければならなかった。

於大の方は松平家の家臣に守られ、刈谷城を目指して岡崎城を出発した。

刈谷領に近づくと於大の方は、「このまま刈谷城に着いたら、同行していただいた皆さんは、わたしの兄・信元に殺されます。どうかここで、岡崎にお帰りください。そうすれば、竹千代と信元は親族ですから、いつか分かり合える日が来るはずです」といって家臣を岡崎に帰し、彼らの命を救った。

この於大の方の計らいは後世に語り継がれ、後の松平家と水野家・織田家との友好的関係を築くのに幸いした。

一五四七年、六歳の竹千代は、今川家の人質として駿府へ行く途中、戸田康光の策略により、織田信秀に金銭と交換して売られてしまった。

織田家の人質となった松平竹千代は、熱田《あつた》（愛知県）の加藤図書助《ずしょのすけ》屋敷に預けられた。ここで暮らしているあいだに竹千代は、織田信長と出会う機会もあったであろう。

於大の方は、着物や食べ物、手紙などを送り届けて、竹千代を励まし続けた。

同年、於大の方は兄・水野信元の紹介で、尾張（愛知県）阿久居《あぐい》の坂部《さかべ》城主・久松俊勝と再婚し、三男三女をもうけた。

一五四九年、今川家の太原雪斎が安祥城を攻略し、竹千代と織田信広（信長の兄）の人質交換が成立すると、竹千代は今川家の人質として、駿府へ行くことになった。これを知った於富の方は、今川義元に願い出て、竹千代の養育に当たることができるようにした。

於富の方は出家して源応尼《げんのうに》と名乗り、竹千代が結婚するまでのあいだ世話をした。竹千代にとって源応尼は実の祖母であり、生活を共にすることは心の支えになった。彼女は、竹千代の身の回りの世話だけでなく、教育にも携わっていた。

於大の方も絶えることなく源応尼や遣いの者を通じて、竹千代を励まし続けた。

一五六二年、松平元康は織田信長と清洲同盟を結んだのち、久松俊勝と三人の異父弟（康元・康俊・定勝）に松平の姓を与えて家臣とし、母・於大の方は家族と共に岡崎城に移り住んだ。

一五八八年、於大の方は夫・俊勝の菩提寺《ぼだいじ》である、安楽寺（愛知県蒲郡《がまごおり》市）の寿慶上人《じゅけいしょうにん》から剃髪式《ていはつしき》を受け、出家して伝通院《でんづういん》と号した。

一六〇二年、伝通院於大の方は、京都の伏見城で家康に面会した。このあと後陽成《ごようぜい》天皇に拝謁《はいえつ》し、豊臣家に敵意がないことを示すため、高台院《こうだいいん》（豊臣秀吉の正室）に挨拶してから、豊国《とよくに》神社（豊臣秀吉を祀る神社）を参拝した。

同年八月、徳川家康の天下統一を支え続けた生母・於大の方は、京都伏見城で家康に看取られながら、七五歳の人生に別れを告げた。

翌年二月、後陽成天皇は勅使《ちょくし》を伏見城に派遣し、家康は従一位《じゅういちい》右大臣と征夷大将軍に任命された。

徳川家康と生母・於大の方は、固い絆で結ばれ、ともに七五歳の生涯であった。

4　伊能忠敬

伊能忠敬のミステリー

伊能忠敬は、初めて実測精密な日本地図をつくった人物として、小学校や中学校の教科書にも登場してくるように、広く世に知られている。

忠敬が実測して精密な地図を作製することができた主な要因は、第一に、西洋暦学・数学や漢学などの知識と、測量や地図作製の技術を習得していたことである。

第二に、伊能家の当主として培われた使用人を指揮統率する能力、江戸幕府・諸藩の大名や農民とのコミュニケーション能力、測量事業を取りまとめるマネジメント能力などを有していたことである。

第三に、財力である。はじめの頃は自費が条件で、忠敬の測量に幕府が支援するという程度だった。第一回の蝦夷地《えぞち》測量は、測量器械は勿論のこと、宿泊代や運搬費など、かかった費用の八割程が忠敬の負担であった。しだいに実測した地図の実績が幕府から認められるようになり、回を重ねるごとに幕府から出される手当も増えていった。第五回の西日本測量からは、全国測量が幕府直轄の事業となり、忠敬は費用を負担しないで済むようになった。

第四に、平山家、伊能家、久保木清淵《せいえん》、高橋至時《よしとき》、間重富《はざましげとみ》等、大勢の人たちに支えられていたことである。

古今を通して誰にもまねできないのは、五五歳から七一歳までの約一七年間にわたり、およそ三万三七〇〇キロメートルを徒歩で測量したことである。

忠敬は強靱《きょうじん》な体力を持ち合わせたひとではなく、細身で痩《や》せた体型をしていた。伊能家に来てからも、病床に伏すことがよくあり、病弱とはいえないまでも、それほど頑丈《がんじょう》な方ではなかった。

日本中を測量している旅の途中で、たびたび病気を患《わずら》い、現地に滞在して療養することもあった。持病の痰咳《たんがい》には、普段から苦しめられていた。

今も解き明かされていない伊能忠敬のミステリーは、もっぱら「老年になってから、全国測量という大事業を成し遂げたエネルギーは、どこから出ているのか」ということである。

本書では、あまり資料もなく、忠敬自身もほとんど触れようとしなかった、生まれてから一〇年間過ごした、小関村《こぜきむら》での生活にスポットライトを当てて、このミステリーについて見ていくことにする。

目標と勉学・修業

小関村《こぜきむら》（誕生〜一〇歳）

小関村のある九十九里浜は、水平線と地平線が眼前に広がり、日・月・星が空を彩る雄大な風景である。海がしけると、数キロメートル離れた陸《おか》にいても、グォーという潮騒が聞こえてくるほどに荒海である。

九十九里浜は南北に長く、太平洋を黒潮が流れ、夏は涼しく冬は暖かい温暖な気候で、自然の恵みが豊かな地域である。

三治郎（忠敬の幼名）が一〇年間過ごした小関村は、長さがおよそ五六キロメートルある九十九里浜の、ほぼ真ん中あたりに位置している。

九十九里浜は地曳網《じびきあみ》漁業が盛んで、日本一の干鰯《ほしか》（魚肥）生産地として知られた豊饒《ほうじょう》の海である。陸地に目を移すと、岡には豊かに実る田園地帯が広がっていた。

三治郎が生まれ育った小関家《こせきけ》は、村一番の豪農で、地曳網漁も営み、村の名主をつとめる名家であった。網主でもある小関家には、干鰯を取引する商人の出入りが多く、活気に満ちていた。

三治郎が六歳のときに、母・峰は流行病が原因で急逝《きゅうせい》してしまった。

この地方には姉家督相続の慣習があり、父・貞恒は婿養子であった。そのため父と兄姉は、彼の実家である小堤村《おんづみむら》の神保家《じんぼうけ》に帰郷した。このとき三治郎のみが小関家に残され、母の弟である五郎左衛門が家督を継ぐことになると、その養子として育てられたのであった。

その後三治郎は、小関家や村人から不遇な扱いを受けることはなく、むしろ励まされて育ったと思われる。地曳網漁は大勢の村人が呼吸を合わせて網を曳く漁法であることから、自然と共同体意識が醸成されていたのである。

突然ひとり残された三治郎は、夜空を見上げて星になった母・峰の面影を慕い、寂しさを癒やすこともあったであろう。

三治郎は寺子屋に通い、読み（素読）・書き（習字）・算盤（そろばん）を学習した。

当時の上総《かずさ》と下総《しもうさ》の農村には、実学としての和算が流布していて、各地にそれを研究する人たちがいた。いまでもこの地方の寺院や神社には、奉納された算額《さんがく》が残されているところもある。三治郎は、この影響を受けたかも知れないのである。

商人も頻繁に出入りしていたことから、三治郎が算盤に触れる機会は多かったであろう。

忠敬は六八歳のときに、娘の妙薫《みょうくん》に宛てた書簡において、「我らこと、幼年より高名《こうめい》・出世を好み候へども、親の命にて佐原へ養子となり候あいだ、好むところの学文（問）を止め、産業を第一として（以下略）」と記している。

寺子屋での成績が優秀であった三治郎は、親や兄弟のいる友達に、学問では負けたくないと思った。そして、「学問で成功して、他界した母・峰に喜んでもらいたいという目標」が、三治郎に生きる希望と勇気を与え、彼を生涯支え続けたのである。

小堤村（一〇歳〜一七歳）

三治郎は一〇歳のときに、父・貞恒に引きとられ、小関村から北に一五キロメートルほど離れた、小堤村の神保家で暮らすことになった。

父の実家である神保家は、貞恒の兄・宗載《むねのり》が当主であった。同家は戦国時代末期から続いた土豪《どごう》の子孫で、台地のすそにりっぱな屋敷をかまえていた。小堤村一番の地主であり、宗載は名主をつとめていた。

神保家は松尾芭蕉を師匠として受け継がれた俳諧の家柄で、俳号を宗載・梅石、貞恒・都船《とせん》と号し、小堤村周辺の宗匠《そうしょう》であった。

貞恒は、三治郎が一二歳のときに再婚した。その後実家から分家し、大位牌に他界した妻・峰の戒名「玉洗院」を刻んで、生涯供養し続けた。晩年は寺子屋を開き、師匠として近隣に住む子供たちの教育に力を注いだ。

三治郎は、近隣の板川村から来た継母に、どうしても馴染むことができなかった。父が再婚した年に三治郎は、常陸《ひたち》（茨城県）の某寺院に住んでいる、和算家の住職に弟子入りした。半年もたつと、師匠の教えることはすべて習得してしまったので、住職は自分が知っている和算家を紹介したと伝えられている。

三治郎の前途を心配した伯父の神保宗載は、学問や文芸に優れ、親しくしていた南中村（多古町）の平山季忠《すえただ》に、彼の教育を頼んだ。平山家は神保家と縁戚関係にあり、南中村の名主をつとめる名家であった。

少年のころに季忠は、昌平坂《しょうへいざか》の学問所で学んだ。そのときに幕府の儒官である林鳳谷《ほうこく》の指導を受け、和歌や詩文に秀でていて含璧と称した。学問を好んだ三治郎は、江戸に出る季忠のお供をして、林家を訪れることもあったであろう。のちに伊能家の婿入りに際して、鳳谷から「忠敬」という名をつけてもらった。

三治郎は、一五歳で成人して名を佐忠太と改め、多古藩に出仕《しゅっし》する平山氏のはたらきかけにより、常陸土浦で医師をしている麻生氏のところで修業した。

このように父・貞恒が再婚したあとの少年忠敬は、継母とはどうしても馬が合わないことから仲が悪かった。そのため神保家を出て学問の修業に励み、暫くのあいだ平山家に居候した。少年忠敬は実母の峰以外、母親として受け入れることができなかったのであろう。

少年時代の忠敬は、学問で生計を立てようと、医学の道を志していた。

佐原村（一七歳〜五〇歳）

忠敬は一七歳のときに、はとこの平山季忠の養子となり、佐原村（千葉県佐原市）の名家である伊能家の婿養子として、長女の達《みち》（二一歳）と結婚した。達の母・民は、季忠の妹であった。

江戸時代後期の佐原村は、人口が五〇〇〇人程で、関東でも屈指の規模を誇っていた。佐原は農業生産だけでなく、利根川の水運によって、江戸まで物資を運ぶ拠点として栄えていた。米を江戸に運ぶため、東北諸藩の米蔵も置かれていた。

その繁栄ぶりは、「お江戸見たけりゃ　佐原へござれ　佐原本町　江戸まさり」と歌われ、当時のようすが偲ばれる。

伊能家を継いだ忠敬は、家業の復興と村政に尽力し、実績が評価されて、名主や村方後見の役を任命されるまでになった。

下利根沿岸付近に広がる佐原村は、たびたび起こる利根川の洪水によって、堤防が決壊し、田畑や家屋を流し去った。災害のあとには、堤防を復旧し、田畑を測量して、境界をもとの位置に戻さなければならなかった。

名主の役目として、忠敬は洪水に見舞われた土地を測量し、絵図面を描く仕事も行った。そのために伊能家の蔵書を読み、測量や数学・暦学などの知識を習得した。さらに忠敬は、利根川の治水工事に携わっていた、和算家の会田安明と親しく交わり、全国測量の基礎となる多くのことを学んだ。

佐原近隣は経済的に繁栄し、江戸との交流が盛んだったことから、楫取魚彦《かとりなひこ》や久保木清淵《くぼきせいえん》といった多くの学者や文化人を輩出した。

国学者の楫取魚彦は、分家した伊能一族の出身であった。江戸に出て賀茂真淵《かものまぶち》の門下生となり、四天王の一人と呼ばれていた。

漢学者の久保木清淵は、佐原村近くにある津宮村《つのみやむら》の名主をしていた。清淵は漢学者として評判が高く、私塾を開いて弟子の教育に力を尽くした。のちに水戸藩の小宮山昌秀に誘われて、郷校の講師をつとめた。

清淵は忠敬ときわめて仲が良く、伊勢神宮を参拝する目的で一緒に関西を旅行し、後年日本地図の作製に直接携わっている。忠敬も清淵から学ぶことによって、漢学の知識を深めることができた。

忠敬は四七歳のときに、江戸で米穀商をしている娘婿・盛右衛門景明に宛てた手紙で、興味をもっていた暦数書の購入を依託している。

佐原村時代の忠敬は、家業の発展に励む一方で、学問の習得も継続していたことをうかがい知ることができる。

江戸（五〇歳〜五五歳）

忠敬は四五歳のときに、地頭所の津田氏に隠居を申し出たが、長男の景敬が家督を継いだところだったので、許可が下りなかった。五〇歳のときにやっと隠居が許され、江戸に来ると、深川黒江町《ふかがわくろえちょう》（東京都江東区）に隠居所を置いた。

佐原村時代の忠敬は、測量技術と数学について、すでにかなりの実力に達していた。暦学は、本を取り寄せるなどして、中国の暦学を学んでいた。

日本の暦には、中国で作られた「授時暦《じゅじれき》」（一二八一年施行）、渋川春海《しゅんかい》が編纂した「貞享暦《じょうきょうれき》」（一六八五年施行）、江戸幕府が天文方につくらせた「宝暦甲戌元暦《ほうりゃくこうじゅつげんれき》」（一七五五年施行）などがあった。これらはいずれも中国の暦からつくられたもので、実際の天体の運行と合わないことが多く、幕府は信頼を回復するためにも、改暦の必要に迫られていた。

幕府は西洋の天文暦学を採り入れて評判になっていた、麻田剛立《あさだごうりゅう》を大坂から招いて、いわゆる「寛政の改暦」をやらせようとした。しかし麻田は年齢的な事情で辞退し、代わりに信頼の厚い弟子の高橋至時と間重富を紹介した。

こうして幕府は、高橋と間を暦局へ迎え入れることになった。二人は、まず測量御用手伝という身分で入局し、高橋は武士であったことから、ほどなく天文方に任命された。

高橋と同じくらいの時期に、隠居して江戸に出てきた忠敬は、西洋の暦法を学ぶため至時の門下生となった。このとき至時は三一歳で、忠敬より一九歳年下であった。

忠敬は暦学理論を学ぶだけでなく、必要な器械を購入して天体観測も行った。多額の金銭を注いで観測器械を完備し、黒江町の自宅は、幕府の司天台《してんだい》に負けないくらいの天文台となっていた。

忠敬は自宅の天文台で、昼夜を問わず毎日欠かさず天体観測を行った。その努力が実り、一七九七年の白昼、日本で初めて真南に金星がくるところを観測した。

このようにあまりにも暦法に熱心だったので、至時は忠敬を、「推歩《すいほ》先生」と呼んでいた。

高橋至時をはじめとする暦学者たちは、子午線一度の長さ（緯度一度のあいだの南北の距離）を、天文暦学を研究するうえで主要な問題としていた。

その頃、帝政ロシアの特使アダム・ラクスマンが、通商を求めて根室に来港した。そこで幕府は、蝦夷地領有の強化策のために、正確で詳細な地図を必要としていた。

こうした情勢が背景にあり、至時は蝦夷地を測量して地図を作製するついでに、子午線一度の長さを測定する計画をたてた。忠敬がこの計画に賛同するのを見て、至時は幕府に蝦夷地測量を提案した。

至時の方は、子午線一度の長さを実測することに主眼をおいていたが、忠敬は、次世代に役立つ地図を作製することにも強い関心をもっていた。

幕府は簡単に移動できる船を使い、蝦夷地まで人員や器材を運ぼうとしていた。それでは子午線一度の長さを実測できないので、至時は陸路で行くことができるように幕府を説得した。至時は幕府に粘り強くはたらきかけ、しばらくして忠敬に蝦夷地測量の許可が下りた。

一八〇〇年六月、五五歳の忠敬は、陸路で蝦夷地を目指して出発した。このときから忠敬の全国測量は、約一七年間・一〇次にわたり実施された。

江戸にやってきた忠敬は高橋至時と出会い、入門してから五年後には、天体観測と暦学理論において、門下生のなかでも随一といわれていた。深川黒江町の自宅では、いつも新式の観測器械を用意し、毎日欠かさず天体観測を行っていた。

江戸に出てきた忠敬は、隠居することにより学問に没頭できたのである。

伊能忠敬のアイデンティティー

第八回の九州第二次測量は、一八一一年から一八一四年まで、四年間にわたり行われた。

一八一二年、六七歳の忠敬は、佐原で起きた利根川大洪水による大凶作に際して、家督を譲った長男の景敬に手紙を送っている。

忠敬は天明の飢饉《ききん》のときに、困窮《こんきゅう》した民を救ったことを思い起こして、「見るに忍びないから救ったのであり、決して、名聞《みょうもん》を好んだのではない」といった。つぎに、「愚老が天文暦学を好んだのも、このように召し出されて国々を測量するのも、後世に名誉をのこすつもりは全くないのです。いずれも自然の天命です。当主人（景敬）は、名聞を好むところが、わたしには似ていないようです」といっている。

しかし忠敬は、「自然の天命」という理由だけで、困難を極めた全国測量を成し遂げることができたのであろうか、という疑問が残る。

九州第二次測量三年目の初春を、肥前佐世保付近の相神浦《あいこうのうら》で迎えた忠敬は、つぎの歌を詠んだ。

七十に近き春にぞあひの浦
九十九島をいきの松原

すでに身体の弱っていることを自覚し、このとき六八歳の忠敬が、九十九歳まで生きたいという思いで、この短歌を詠んだとは考え難い。

九十九島を九十九里浜に、置き換えてみたらどうだろうか。

全国測量も終盤になり、ほっと一息ついて、風景は異なるにしても、小関村時代の九十九里浜を思い出していたのではないだろうか。寂しいときに夜空を見上げて、星になった母・峰と会話した日のことや、学問を志して寺子屋で学んでいた日のことに、思いを馳せていたのである。

生まれてから一〇年間暮らした、小関村のある九十九里浜が、伊能忠敬のアイデンティティーだったのである。

さて一八一六年以降、忠敬は「大日本沿海輿地全図《えんかいよち》」の作製にとりかかったが、測量による疲労と老いや持病などから体力は日増しに衰えていった。そして、ついに一八一八年四月一三日、江戸八丁堀亀島町の自宅で七三歳の生涯に幕をおろした。

死に際しては、「わたしが日本全国測量の大事業をなしとげることができたのは、全く、なき高橋至時先生のおかげである。どうか、先生の墓のそばに葬ってもらいたい」と周りのひとたちに伝えていた。そこで遺体は、浅草源空寺（台東区東上野）にある、至時の墓所のすぐそばに埋葬され、爪と髪は、佐原牧野の観福寺《かんぷくじ》に、分骨墓として葬られた。

その後、高橋至時の長男・景保が指導にあたり、天文方吏員や忠敬の門下生、久保木清淵たちの共同作業によって、一八二一年七月、『大日本沿海輿地全図』（二二五葉）と、『大日本沿海実測録』（一四巻）が完成し、幕府に納められた。

「学問で成功して、他界した母・峰に喜んでもらいたいという目標」が、伊能忠敬を生涯支えつづけ、高橋至時と出会うことによって、それを成し遂げることができた。「大日本沿海実測全図」は、伊能忠敬と母・峰の対話の記録だったのである。

伊能忠敬の生涯学習

生涯学習とは

生涯学習は、生涯教育からはじまった。一九六五（昭和四〇）年、ユネスコがパリ本部で開催した成人教育推進国際委員会において、ポール・ラングランが、「生涯教育について」と題して提唱し、世界的に広まった。これを契機に昭和四〇年代前半、日本でも「生涯教育」として報じられるようになった。

ＯＥＣＤ（経済協力開発機構）は、一九七三（昭和四八）年、「リカレント教育―生涯学習のための戦略―」という報告書のなかで、「リカレント教育は、生涯学習を実現するために行われる義務教育以後の包括的な教育戦略であり、その特徴は、青少年期という人生の初期に集中していた教育を、個人の全生涯にわたって、労働、余暇など他の諸活動と交互に行う形で分散させることにある」とリカレント教育の概念を示している。ＯＥＣＤの見解は、「生涯教育」ではなく、「生涯学習」という視点からリカレント教育を捉えている。

日本では生涯学習について、「今日、変化の激しい社会にあって、人々は、自己の充実・啓発や生活の向上のため、適切かつ豊かな学習の機会を求めている。これらの学習は、各人が自発的意思に基づいて行うことを基本とするものであり、必要に応じ、自己に適した手段・方法は、これを自ら選んで、生涯を通じて行うものである」（昭和五六年中央教育審議会答申）と定義している。

「生涯学習」という言葉が、日本で正式に使われるようになったのは、一九八八（昭和六三）年、文部省が社会教育局を生涯学習局に変更してからである。それまでは、「生涯教育」と併存していた。

これまで見てきたように、二〇世紀にＯＥＣＤ（経済協力開発機構）や文部省が提唱した生涯学習を、すでに一八世紀後半から一九世紀初期にかけて、伊能忠敬が実践していたことになる。

江戸時代後期の教育

江戸時代後期の教育機関を、経営形態別に見てみると、官立の昌平坂学問所、藩立の藩校と郷校、民間の寺子屋と私塾に分けることができる。

一六三〇年、江戸幕府は学問奨励のために、上野忍岡《しのぶがおか》の土地を、儒臣《じゅしん》の林羅山に譲り渡した。羅山はここに儒学の私塾を設け、これが昌平坂学問所の起源となった。また羅山はこの地に、孔子廟先聖殿《こうしびょうせんせいでん》を建立した。

一六九〇年、将軍徳川綱吉の文教奨励により、幕府は孔子廟を神田湯島の地に移築し、学問所として整備した。林家を大学頭《だいがくのかみ》に任命して官学化し、半官半私の教育機関となった。そしてこの地を、「昌平坂」と呼称した。

一七九〇年、「寛政異学の禁」で朱子学が奨励され、それにともない従来の組織を改めた。その後の一七九七年に、湯島聖堂の学問所を幕府直轄の学校とし、林家の私塾を廃止した。こうして官立の昌平坂学問所が誕生し、将軍直臣《じきしん》の旗本や御家人の子弟だけでなく、諸藩の家臣や郷士などにも門戸を開いた。

伊能忠敬の養父である平山季忠も、林家が私塾をしていたころに、昌平坂の学問所で学んでいる。

藩校は儒臣の家塾や私塾を整備して、藩の直轄学校になったものが多くある。その成立過程は、昌平坂学問所とよく似ている。教育内容は、四書五経などの儒学、国学、剣術などの武芸、幕末には洋学や西洋医学を教えるところもあった。このように幕末期の藩校は、総合的な教育機関としての様相を帯びるようになり、藩士の子弟はもちろんのこと、庶民の入学を認めるものも増えていた。

郷校は、教育を受ける対象によって、大きく二種類に分けることができる。

ひとつ目は、武家を対象としたもので、藩主や家老・重臣などが、藩校を手本にして領地内に設けたものである。

ふたつ目は、領内の庶民を対象としたもので、藩主や代官によって設けられたところが、私塾や寺子屋とは異なる。

郷校のなかには、武士と庶民が一緒に学べる中間的なものもあった。

伊能忠敬の親友である久保木清淵が、水戸藩の小宮山昌秀に頼まれて、郷校の講師をつとめている。

寺子屋は、江戸時代の庶民の子供が、読み・書き・そろばんの初歩を学ぶ、私的な教育施設であった。

寺子屋の起源は、中世の寺院教育まで遡る。そこでは子供たちを「寺子」と呼び、寺院に寝泊まりして学んでいた。

近世になると、寺院の他にも教育用の施設があらわれ、「寺子屋」というようになった。寺子屋の先生は、師匠（手習師匠）と呼ばれ、同時に経営者を兼ねていることが多かった。子供たちは、これまでと同様に「寺子」といった。師匠の出身を全国的にみると、平民が最も多く、つぎに武士や僧侶、さらに神官や医者などが寺子屋を営むこともあった。

寺子屋での学習は、「いろは」や数字からはじまり、つづいて十干《じっかん》・十二支・方角・町名・村名・名頭《ながしら》・国尽《くにづくし》などであった。これらの初歩的な学習が終了すると、さらに「往来物《おうらいもの》」などで勉強した。

江戸時代の往来物は、日本でつくられた庶民のための教科書であり、往来本ともいった。地理関係の「国尽」・「東海道往来」（都路《みやこじ》往来）、産業関係の「商売往来」・「百姓往来」・「番匠《ばんしょう》往来」など、多くの往来物がつくられた。

庶民の道徳を記した往来物に、「実語教《じつごきょう》」や「童子教《どうじきょう》」があった。江戸時代のはじめにつくられた「塵劫記《じんこうき》」は、そろばんの教科書として広く行き渡り、庶民の計算力向上に貢献した。

忠敬の父・貞恒は、晩年に寺子屋を開き、師匠として近くに住む子供たちに教えている。

私塾は、教師の自宅を教場として使い、学問、武芸、芸道などを門弟に教える私設の教育機関であった。教師は塾主と呼ばれ、同時に経営者でもあった。幕末の私塾の主なものは、儒学、国学、洋学、武芸、そろばん、などであった。他にも多彩な私塾があり、いくつか組み合わせて教えるところもあった。

私塾は、幕府や藩などの支配を受けず、民間人によって自由に開設することができた。藩校や寺子屋とは異なり、身分や年齢の差別が少なく、庶民と武士が一緒に学べるところも多かった。

伊能忠敬が高橋至時と師弟関係を結んだのは、私塾である。少年時代に忠敬が、常陸（茨城県）の某寺院に住む和算家の住職から数学を学んだり、常陸土浦の医師・麻生氏のところで修業したのも、広い意味での私塾にあたる。

江戸時代後期には、官立・藩立・民間の教育機関があって、生涯学習を実践することができた。明治の時代にはいると、これらの教育機関は小学校・大学校・その他の学校の前身となり、日本の近代化に大きな役割を果たした。

伊能忠敬が実践した生涯学習の態度から、現代に生きるわたしたちは、多くのことを学び取ることができる。

第三章　資産を持つこと

1　資産を持つ

「タラントン」のたとえ

天の国はまた次のようにたとえられる。ある人が旅行にでかけるとき、僕《しもべ》たちを呼んで、自分の財産を預けた。それぞれの力に応じて、一人には五タラントン、一人には二タラントン、もう一人には一タラントン預けて旅に出かけた。早速、五タラントン預かった者は出て行き、それで商売をして、ほかに五タラントンもうけた。同じように、二タラントン預かった者も、ほかに二タラントンもうけた。しかし、一タラントン預かった者は、出て行って穴を掘り、主人の金を隠しておいた。さて、かなり日がたってから、僕たちの主人が帰って来て、彼らと清算を始めた。まず、五タラントン預かった者が進み出て、ほかの五タラントンを差し出して言った。『御主人様、五タラントンお預けになりましたが、御覧ください。ほかに五タラントンもうけました。』主人は言った。『忠実な良い僕だ。よくやった。お前は少しのものに忠実であったから、多くのものを管理させよう。主人と一緒に喜んでくれ。』次に、二タラントン預かった者も進み出て言った。『御主人様、二タラントンお預けになりましたが、御覧ください。ほかに二タラントンもうけました。』主人は言った。『忠実な良い僕だ。よくやった。お前は少しのものに忠実であったから、多くのものを管理させよう。主人と一緒に喜んでくれ。』ところで、一タラントン預かった者も進み出て言った。『御主人様、あなたは蒔《ま》かない所から刈り取り、散らさない所から集められる厳しい方だと知っていましたので、恐ろしくなり、出かけて行って、あなたのタラントンを地の中に隠しておきました。御覧ください。これがあなたのお金です。』主人は答えた。『怠け者の悪い僕だ。わたしが蒔かない所から刈り取り、散らさない所からかき集めることを知っていたのか。それなら、わたしの金を銀行に入れておくべきであった。そうしておけば、帰って来たとき、利息付きで返してもらえたのに。さあ、そのタラントンをこの男から取り上げて、十タラントン持っている者に与えよ。だれでも持っている人は更に与えられて豊かになるが、持っていない人は持っているものまでも取り上げられる。この役に立たない僕を外の暗闇に追い出せ。そこで泣きわめいて歯ぎしりするだろう。』

（『聖書』日本聖書協会／新共同訳）

これは新約聖書、マタイによる福音書二五章一四節から三〇節である。タラントンは貨幣の単位であり、当時一タラントンは、六〇〇〇日分の給料に相当した。それぞれの力に応じてタラントンを預けた、という前述のたとえ話にもあるように、英語タレント（才能）の語源になっている。

神様はすべての人に、タレントという資産を預けている。タレントは一人ひとり異なるため、すべての人に、存在しているという点に意味がある。

つまりすべての人が、一人ひとり異なるタレント、という資産をもっている。それゆえすべての人に、生きる意味がある、ということができる。

たとえば、盲目で生まれた人がいたとする。嘆き悲しんだ両親は、あるときその子供に、音楽的タレントがあることに気づいた。

それから子供は、音楽教室で楽器を習い、音楽学校に進んで本格的に学び、タレントが開花して世界的な音楽家になった。その音楽家は世界中で演奏し、多くの人びとに感動と生きる勇気を与え、多くの人びとから称賛と生きる希望をもらったのである。

このように幼いころは、自分自身のタレントに自分で気づかないことの方が多い。子供のタレントを見つけて育てるためには、両親や教師に、その役割を担うことが求められている。

自分にはタレントが何もないという人は、土を掘って一タラントンを埋めた、僕のようなものだ。自分のタレントという資産を使い殖やして、人の役に立つことが、生きる希望となり、豊かな人生へと導くのである。

資産が二倍になったA氏のおはなし

これから述べるおはなしに、「タラントン」のたとえ話との関連性はない。
実際に、A氏に起こったできごとである。
さっそくA氏による体験談を、聞いてみることにしよう。

郵便貯金が二倍になったおはなし

みなさん、聞いてください。
一九七〇年代から、一九八〇年代にかけてのできごとです。

そのころわたしは、郵便局の定額貯金をしていました。なぜか銀行だと敷居が高くて、子供のころから慣れ親しんでいる郵便局にしました。それに銀行よりも郵便局の方が、安心・安全だと思っていたからです。わたしは、近くの郵便局に口座をつくり、毎月定額貯金を続けました。

やがて一〇年が経過して、まとまったお金が必要になり、郵便局へ定額貯金を下ろしに行きました。

そうしたら定額貯金が、ほぼ二倍になっていたのです。うれしくて、足が宙に浮いたようになりました。

貯金が二倍になるなんて、夢にも思っていませんでした。

今はゼロ金利政策で、定額貯金をしていても利息はほとんど付きません。ところが当時は、利率が七パーセント前後であったことから、複利で一〇年間預けていると、預金が二倍になりました。わたしは、お金を預けるだけで、利息のことまで考えていなかったのです。

土地付中古住宅が二倍で売れたおはなし

みなさん、今度は、世にも恐ろしいおはなしです。

一九八〇年代後半から、一九九〇年代にかけてのできごとです。

そのころわたしは、土地付中古住宅を購入しました。

土地は狭く、小さな古い家でした。

それでも「夢のマイホーム」が、実現した喜びでいっぱいでした。

ところが、住んでしばらくすると、夢のマイホームが、悪夢に変わってしまったのです。

悪夢のはじまりは、雨漏《あまも》りです。

雨が降ると、部屋のなかに、雨水がぽたりぽたりと、落ちてくるのです。

落ちてくる下にバケツを置いて、なんとか浸水をくいとめました。

つぎは、ある日突然、部屋の天井に取り付けてあった蛍光灯器具が、落ちてきたのです。床には、割れた蛍光灯の破片が散らばり、カーペットに食い込んだガラスを掃除するのが大変でした。けれども、蛍光灯器具の下に家人がいなかったことは、不幸中の幸いでした。

さて、みなさん、静かに耳を澄ましてみてください。

どこからか、物音が聞こえてきませんか。

がさごそと、なにか動くような物音が、浴室から聞こえてきます。

これは、神の使いが地上に降りてきたのではないかと思いつつ、浴室のドアを開けると、ねずみが石けんをかじっていたのです。

「ねずみさんが、お化粧をしに来ている」という言い方もあるかもしれませんが、ねずみとゴキブリが大嫌いなわたしは、とてもそういう気分にはなれませんでした。

これが神の使いだったのか、あるいは、ただ腹を空かしたねずみが石けんをかじりに来ていただけなのか、いまだに謎のままです。

そうこうしているうちに数年が経過し、中古住宅を売らなくてはならない事情が起こりました。

運よく買い手が見つかり、土地付中古住宅を、購入価格のちょうど二倍で売ることができました。二倍の価格で売れるとは、夢にも思っていませんでしたので、とてもびっくりしました。

当時はバブル経済末期で、最寄駅に地下鉄が相互乗り入れするのと重なり、土地付中古住宅を二倍の価格で売ることができたのです。バブル経済期に、不動産価格が二倍になることは、日常且つ普通にみられる現象でした。

バブル経済が崩壊した今では、考えられないことが起きていたのです。

株価が二倍になったおはなし

二〇一一年三月一一日一四時四六分頃、日本の三陸沖を震源として、日本国内観測史上最大規模となる、マグニチュード九・〇の超巨大地震（東北地方太平洋沖地震）が発生した。

地震に伴い発生した、最大遡上高四〇・五メートル（日本国内観測史上最大）の大津波によって、東北地方を中心とする太平洋沿岸の集落では、壊滅的な被害がもたらされ、戦後最悪の災害となった。

東京電力福島第一原子力発電所では、大津波によって冷却能力を失い、深刻な原子力事故が発生していた。

当日の夜は、停電のために信号機が消灯し、わたしは対向車のヘッドライトの明かりを頼りに、自動車を運転して帰宅した。

家に帰っても停電が続いていたので、ローソクで部屋の灯りをとり、固形燃料でお湯を沸かして、カップ麺を食べた。

わたしが住んでいた埼玉県は、内陸ということもあり、東日本大震災による被害はそれほどでもなかった。それでも東京電力福島第一原子力発電所が冷却に失敗し、原子炉が爆発すれば被曝するという不安から、時々刻々と情勢を伝えるニュース内容に翻弄されていた。

ところでその頃のわたしは、老後の生活をどのように安定させるか、そのことについて考えなくてはならない状況にあった。

問題は、少しばかりしかない預金であった。

当時はゼロ金利政策で、預金の利息はほとんど無しに等しい。

このまま生活費として使い続ければ、数年で食いつぶしてしまう。

そこで思いついたのが、株式の購入であった。

しかしわたしは、賭《か》け事もやらない主義だったので、株式にはどうしても抵抗があった。

国内外の経済状況を振り返ってみると、リーマンショックから回復基調にあるところへ、東日本大震災が発生し、日本経済は混乱していた。この年の一〇月には、イタリアやギリシャの国債を大量に保有していた、大手のデクシア銀行が経営破綻したあとに、欧州債務危機が再燃した。

このような国内および国際的経済状況を背景に、日本の株価は低迷していた。

そこでわたしは、配当利回りが三パーセント前後ある株式に着目した。

配当金を目的に株式を購入すれば、利率三パーセントの預金と同じになる。

いま買っておけば、株価もこれより下がることはないだろう。

そう考えると、賭け事という抵抗感もやわらぎ、思い切って株式購入を決断することができた。

日経平均株価は、二〇一一年一一月に八四三四円であったものが、二〇一四年一一月には一万七四五九円に上昇した。

二〇一二年一二月、自由民主党が政権を奪還し、日本銀行の量的・質的金融緩和を含む、アベノミクス「三本の矢」が推進されると、株価は上昇を続け、二〇一四年一一月、日経平均株価はついに二倍になったのである。

資産形成の手段は、大きく分けて預貯金・不動産・金融商品（株式等）の三つであることが分かった。

資産を形成するには、まず預貯金からはじめて、金融商品（株式等）、不動産と保有していくのがよいだろう。特に金融商品（株式等）は、リスクを伴う。普段から研究し、リスク回避のリテラシーを身に付けておくことが肝要である。

預貯金や不動産価格が、二倍になることはもうないかもしれない。しかし人生を豊かで有意義に過ごす手段として、外せないのが資産なのである。

苦難を克服して資産が二倍になる

イスラエル統一王国の誕生と滅亡

A氏の体験談に共通していることは、資産を持っていたことと、資産を二倍にすることを目的に、資産を預け購入したのではない、ということである。

A氏の資産が二倍になる過程には、さまざまな苦難が待ち受けていた。ただ漫然と楽をしながら、時を過ごしていたのではなかったのである。

新約聖書ヤコブの手紙五章の一一節には、つぎのように記してある。

忍耐した人たちは幸せだと、わたしたちは思います。

あなたがたは、ヨブの忍耐について聞き、主が最後にどのようにしてくださったかを知っています。

主は慈しみ深く、憐れみに満ちた方だからです。

このなかで、ヨブの忍耐とは、旧約聖書ヨブ記のことである。そこでヨブ記について、簡単に述べることにする。

アブラハムの子孫であるイスラエル民族と神(ヤハウェ)の契約を、モーセはシナイ山で執り成した。イスラエル民族とヤハウェの関係をいいあらわしている書物が、旧約聖書である。

旧約聖書は、大きく四項目に分類することができる。それは、第一に律法(モーセ五書)、第二にイスラエル民族の歴史、第三に知恵文学、第四に預言者の説教である。ヨブ記は、このなかの知恵文学にはいる。

ヨブ記は世界を代表する文学であると、古くからいわれている。実際に、ゲーテのファウスト、ダンテの神曲、シェイクスピアのハムレットなど、西欧の思想、哲学、芸術に深い影響を与えている。

ヨブ記は、人間の本質を理解するためにも、一度は読んでおきたい文学書である。

ヨブ記が書かれた年代は、おおよそ紀元前五世紀頃と思われる。そこで、イスラエル王国の歴史を辿ってみることにする。

紀元前一〇一〇年頃に、初代サウル王が戦死したあと、ダビデが二代目の王となり、はじめて南北の諸部族を統一した。ダビデはエルサレムを都として王朝を創設し、イスラエル統一王国を樹立した。

ダビデの死後、彼の子であるソロモンが、紀元前九七〇年頃に第三代目の王位を継承した。ソロモン王の政治は、イスラエル王国に繁栄をもたらし、悲願であった壮麗《そうれい》な神殿をエルサレムに建造した。イスラエル王国は、ソロモン王の時代に栄華をきわめた。

ソロモンの死後、紀元前九三一年にシケムで会合が物別れとなり、イスラエル統一王国は、一〇部族がいる北王国イスラエルと、南王国ユダに分裂した。

北王国イスラエルの首都サマリアが、紀元前七二二年にアッシリアによって包囲され陥落した。紀元前七二〇年に北王国イスラエルは滅亡し、イスラエル住民の指導者層は国外に移送され、各地に離散する者たちもいた。

このときのイスラエルの人びとが、のちに「失われた一〇部族」といわれるようになり、彼らが古代の日本にやってきて、日本人の祖先になったという説がある。

紀元前五八六年に、バビロニアはエルサレムを包囲すると、神殿を破壊し、ゼデキア王を処刑して、南王国ユダは滅亡した。主要なユダヤ住民が、捕虜としてバビロンに移送された。

紀元前五三九年に新バビロニア帝国を滅ぼした、ペルシャのキュロス大王は、すでにバビロンで捕囚民《ほしゅうみん》となっていた、ユダヤ人の帰国を許した。

その後帰還したユダヤ人は、エルサレムの神殿を再建し、ユダ王国が復活した。しかしソロモン王のときのような繁栄は影を潜め、たびたび他国の侵略に遭いながらも存続してきたが、紀元七〇年、ローマ軍の攻撃によって神殿は炎上し、エルサレムはついに陥落した。

紀元前五世紀頃のイスラエルは、北王国イスラエルの一〇部族がすでにユーラシア大陸各地に離散し、エルサレムに帰還したユダヤ人も不安定な状態にあった。イスラエル民族は祖国にいても異境にいても、苦しみと逆境のなかにおかれていた。ヨブ記は、こうした背景のなかで生まれた。

ヨブ記の特色をいくつか挙げてみると第一に、ヨブの個人的経験を述べている。それは、サタンがあらわれて、ヨブは財産をすべて奪われ、七人の息子と三人の娘を全員殺され、重度の皮膚病に苦しめられ、妻には罵《ののし》られた。

人はなぜ苦難に遭遇するのか。義人であってもなぜ苦難に遭遇するのか。これはヨブ記のテーマであると同時に、人生最大の難題のひとつでもある。

第二に、超民族的あるいは国際的であるがゆえに、普遍的である、ということができる。ヨブと三人の友人（エリファズ、ツォファル、ビルダド）は、外国人であってイスラエル民族ではなかった。

第三に、ヨブ（個人）と神（ヤハウェ）の関係が述べられている。神から人間へ、という方向だけでなく、人間は神に対してどう向き合えばいいのか、という方向も示されている。

ここまで、ヨブ記の全体を概観してきたので、ここからは、その本文について見ていくことにする。

ヨブ記一章

ウツの地にヨブという人がいた。無垢《むく》な正しい人で、神を畏《おそ》れ、悪を避けて生きていた。七人の息子と三人の娘を持ち、羊七千匹、らくだ三千頭、牛五百くびき、雌ろば五百頭の財産があり、使用人も非常に多かった。彼は東の国一番の富豪であった。

息子たちはそれぞれ順番に、自分の家で宴会の用意をし、三人の姉妹も招いて食事をすることにしていた。この宴会が一巡りするごとに、ヨブは息子たちを呼び寄せて聖別し、朝早くから彼らの数に相当するいけにえをささげた。「息子たちが罪を犯し、心の中で神を呪《のろ》ったかもしれない」と思ったからである。ヨブはいつもこのようにした。


（一章の一—五）


ヨブがいたウツの地は、アラビヤ砂漠の北部地方に位置していた。彼は信仰的（神を畏れ）にも、道徳的（悪を避け）にも申し分のない人物であった。ヨブは遊牧者の首長であり、彼の妻や七人の息子と三人の娘の家族に恵まれ、羊、らくだ、牛、ろばなど多くの家畜を保有し、東の国一番の富豪であった。

息子たちはそれぞれの誕生日に、自分の家で宴会の用意をし、兄弟姉妹が集まって、食事をしながら互いに喜びを分かち合った。

このようにヨブの家族は、裕福であったというだけでなく、夫婦、親子、兄弟姉妹が助け合い、幸福に暮らしていた。

サタンは答えた。

「ヨブが、利益もないのに神を敬うでしょうか。あなたは彼とその一族、全財産を守っておられるではありませんか。彼の手の業をすべて祝福なさいます。お陰で、彼の家畜はその地に溢れるほどです。ひとつこの辺で、御手を伸ばして彼の財産に触れてごらんなさい。面と向かってあなたを呪うにちがいありません。」

主はサタンに言われた。

「それでは、彼のものを一切、お前のいいようにしてみるがよい。ただし彼には、手を出すな。」

サタンは主のもとから出ていった。（一章の九―一二）

ヨブ記においてサタンは、神（ヤハウェ）の使いたちと一緒にいたことから、神の敵ではなく、ある意味で天使の同類とみなすことができる。

サタンと他の天使の違いは、他の天使が決まった仕事をもち、神に仕えていたのに対して、サタンは決まった役割がなく、地上を歩き回り行動範囲が広かった。また他の天使が明るい面に関係しているのに対して、サタンは暗い面、いわば検察官のように、人間の過ちや欠点などを見つけて告訴するという立場であった。

地上を巡回してきたサタンは、ヤハウェの質問に答えた。

ヨブが神を敬うのは、それに見合った利益を望んでいるからである。神がヨブの家族や財産を守っているので、家畜が地に溢れるほど富み栄えている。もし神がヨブの財産に手を伸ばし、すべて奪い取ってしまえば、ヨブは神と決別するであろう。

これを聞いたヤハウェは、ヨブの財産と家族をサタンに引き渡した。ただしヨブには手を出さないよう、サタンにいった。

このあとシェバ人やカルデア人が、ヨブの家畜に襲いかかって略奪し、牧童たちも切り殺してしまった。また天から神の火が降って、羊や羊飼いが焼け死んでしまうこともあった。

さらにヨブの長男の家で息子や娘が宴会を催していると、荒れ野の方から大風が四方から吹きつけ、家が倒れて、彼らは全員死んでしまった。

こうしてヨブと彼の妻だけが、残されることになったのである。

ヨブは立ち上がり、衣を裂き、髪をそり落とし、地にひれ伏して言った。
「わたしは裸で母の胎を出た。
裸でそこに帰ろう。
主は与え、主は奪う。
主の御名はほめたたえられよ。」
このような時にも、ヨブは神を非難することなく、罪を犯さなかった。
（一章の二〇―二二）

突然襲ってきた不幸に遭遇したヨブは、悲嘆にくれて地にひれ伏し、「裸で母の胎を出たのだから、裸で母なる大地に帰ろう。神が与え、神が奪ったのだ、神のみ名を祝福しよう。」といった。財産や最愛の子供たちを失っても、ヨブは罪を犯すことなく、神に向かって批判することを何もいわなかった。

神が約束する幸福は、地上で起きているような幸・不幸ではなく、むしろそれを超えたところにあるのではないだろうか。ヨブはそれをわたしたちに、教えてくれているのである。

ヨブ記二章

主はサタンに言われた。

「お前はわたしの僕ヨブに気づいたか。地上に彼ほどの者はいまい。無垢な正しい人で、神を畏れ、悪を避けて生きている。お前は理由もなく、わたしを唆《そそのか》して彼を破滅させようとしたが、彼はどこまでも無垢だ。」

サタンは答えた。

「皮には皮を、と申します。まして命のためには全財産を差し出すものです。手を伸ばして彼の骨と肉に触れてごらんなさい。面と向かってあなたを呪うにちがいありません。」

主はサタンに言われた。

「それでは、彼をお前のいいようにするがよい。ただし、命だけは奪うな。」

サタンは主の前から出て行った。サタンはヨブに手を下し、頭のてっぺんから足の裏までひどい皮膚病にかからせた。ヨブは灰の中に座り、素焼きのかけらで体中をかきむ

しった。（二章の三―八）

ヨブが試練を乗り越え、罪を犯さず、神に向かって責めることをいわなかったのを見て、ヤハウェはサタンにいった。

ヨブは信仰的（神を畏れ）にも、道徳的（悪を避け）にもたいへん優れていて、この地上に彼ほどの人物はいないであろう。サタンは理由もなく、わたしを唆してヨブを破滅させようとしたが、彼は自分の信仰を貫き通したのである。

ヤハウェがヨブを称賛するのを聞いて、サタンは反論した。

人間はすべての財産を投げ出しても、自分の命を救おうとする、打算的で自分勝手なものである。今度はヨブ自身の体に、耐え難い苦痛を与えてみなさい。彼は我慢できなくなり、神と敵対して決別するにちがいない。

これを聞いたヤハウェは、ヨブの身をサタンに任せ、彼の命だけは触れることがないように申し渡した。

サタンはヤハウェの前から出て行くと、ヨブに手を下し、頭の先から足の裏まで体中悪質な皮膚病にかからせた。

ヨブは一日中絶えることなく、重度の皮膚病に苦しめられ、肉体的な痛みだけでなく、精神的な疲れも重なり憔悴《しょうすい》しきってしまった。

彼の妻は、
「どこまでも無垢でいるのですか。神を呪って、死ぬ方がましでしょう。」と言ったが、ヨブは答えた。
「お前まで愚かなことをいうのか。わたしたちは、神から幸福をいただいたのだから、不幸もいただこうではないか。」
このようになっても、彼は唇をもって罪を犯すことをしなかった。

（二章の九、一〇）

財産と地位を失い、愛する子供たちの命を全員奪われ、ヨブの惨状を目撃した彼の妻は、「どこまでも信仰を全うしようというのか。信仰とは耐えきれぬほどの苦痛を、人間に強要するものであるとするなら、神と決別してそれを捨ててしまった方が幸せなのではないか。」といった。

これを聞いたヨブは、彼の妻に答えた。

お前までそのように不信仰なことをいうのか。人間は神から幸福をもらい受けたのだから、不幸ももらい受けるべきである。この「幸」・「不幸」は、神から生じているものであるから、その一方だけを受け入れて、他方を退けるというわけにはいかないのである。

このように幸・不幸を、両方とも受け入れることによって、神から人間としての祝福がある。

財産を失い、愛する子供たちの命を奪われ、重度の皮膚病に苦しめられ、妻に罵られても、ヨブは罪を犯すことなく、神に対して責めるようなことをいわなかったのである。

これまで、サタンによる三つの試練が、ヨブを襲った。第一に、シェバ人やカルデア人がヨブの家畜を襲って略奪し、牧童たちを切り殺した。ヨブの息子や娘たち全員が、大風で家が倒れて死んでしまった。

第二に、ヨブは頭の先から足の裏まで、体中重度の皮膚病にかかり、もがき苦しんだ。

第三に、第一と第二の惨状を見たヨブの妻は、なぜこれほどまでひどい目にあいながら、頑《かたく》なに信仰を守ろうとするのか、といって罵った。

これら三つの試練に対して、ヨブは神に向かって責めるようなことをいわなかった。ヤハウェがサタンに勝利したのである。

三章以降、敗北したサタンは登場しない。代わって三章から三一章まで、ヨブの親しい友人であるテマン人エリファズ、シュア人ビルダド、ナアマ人ツォファルの三人が登場する。

三人はヨブに起こった災難を聞いて、見舞い慰めるために、遠い外国からやってきた。彼らはあまりにも惨《むご》たらしいヨブの姿を見て、悲嘆にくれ、かける言葉を失ってしまった。

三人は、はじめのうちはヨブに対して同情的であったが、たがいに批判し合う激しい論争へと変わっていく。

ヨブ記八章

シュア人ビルダドは話し始めた。

いつまで、そんなことを言っているのか。

あなたの口の言葉は激しい風のようだ。

神が裁きを曲げられるだろうか。

全能者が正義を曲げられるだろうか。

あなたの子らが、
　神に対して過ちを犯したからこそ
彼らをその罪の手にゆだねられたのだ。
あなたが神を探し求め
全能者に憐《あわれ》みを乞うなら
また、あなたが潔白な正しい人であるなら
神は必ずあなたを顧み
あなたの権利を認めて
　あなたの家を元どおりにしてくださる。（八章の一―六）

あまりの苦痛に耐えきれず、ヨブは生まれてきたことを呪い、神に死を求めた。シュア人ビルダドは、全能者である神が裁きを歪《ゆが》めたり、正義を歪めたりすることがあるだろうか、といってヨブをいさめた。

さらにビルダドは、ヨブの子供たちが重い罪を犯したので、彼らはその当然の報いとして罰を受けた、というのである。つまり賞罰応報《しょうばつおうほう》主義である。子供を失ったヨブにとって、この言葉は残酷で無情といってもいいだろう。

ヨブが皮膚病で苦しんでいるのは、彼自身罪を犯したからである。ヨブが悔い改めて神に赦《ゆる》しを乞うなら、また潔白で正しい人であるとするなら、神は顧みて権利を認め、元の状態に戻して、幸福に暮らせるようにしてくださる、というのである。

ヨブ記一三章

そんなことはみな、わたしもこの目で見
この耳で聞いて、よく分かっている。
あなたたちの知っていることぐらいは
わたしも知っている。
あなたたちに劣ってはいない。
わたしが話しかけたいのは全能者なのだ。
わたしは神に向かって申し立てたい。
あなたたちは皆、偽りの薬を塗る

役に立たない医者だ。
どうか黙ってくれ
黙ることがあなたたちの知恵を示す。（一三章の一—五）

ヨブ記全体は、法廷論争が行われているとみなすことができる。一章と二章は、サタンが原告、神がヨブの弁護人、ヨブが被告である。三章からは、ヨブが原告、友人が神の弁護人、神が被告である。

三人の友人がいうことは、ヨブもよく理解している。友人たちが知っていることは、ヨブも知っているし、彼らより劣っているとは思わない。

友人たちとの論争に疲れてしまったヨブは、全能者である神に向かって申し立てたいことがある、といった。

三人の友人は、自分たちが道徳的にも信仰的にも正しく、ヨブは罪深い不信仰な人間である、といっている。しかしヨブの側からすれば、友人たちは偽善者であり、自分の苦悩を正しく診断できない、役に立たない医者と同じなのである。

どうかそっとしておいてほしい、そうすることが自分にとっていちばんの薬になる、とヨブはいった。

わたしの議論を聞き
この唇の訴えに耳を傾けてくれ。
神に代わったつもりで、あなたたちは不正を語り
欺《あざむ》いて語るのか。
神に代わったつもりで論争するのか。
そんなことで神にへつらおうというのか。
人を侮《あなど》るように神を侮っているが
神に追及されてもよいのか。
たとえひそかにでも、へつらうなら
神は告発されるであろう。（一三章の六―一〇）

ヨブは、神と友人に訴えていった。
友人たちは神に代わったつもりで、ヨブに対して、欺いて不正を語り論争している。友人た

ちは、神に気に入られようと媚《こび》を売っている。

しかし神は人間から、そのようにされることを望んではいない。かえって聖なる神を汚し、神の威信を傷つけ、神を侮ることにはならないだろうか。

人間の側から、神に対して善意の心をあらわしたとしても、神の側からすれば、それが見せかけの善意となる場合がある。

人に知られないで神に気に入られようとしても、神は受け入れることなく告発されるであろう。

あなたたちの主張は灰の格言
弁護は土くれの盾《たて》にすぎない。
黙ってくれ、わたしに話させてくれ。
どんなことがふりかかって来てもよい。
たとえこの身を自分の歯にかけ
魂を自分の手に置くことになってもよい。
そうだ、神はわたしを殺されるかもしれない。

だが、ただ待ってはいられない。
わたしの道を神の前に申し立てよう。
このわたしをこそ
　神は救ってくださるべきではないか。
神を無視する者なら
　御前に出るはずはないではないか。（一三章の一二―一六）

友人たちの言うことは空しく、彼らが弁護することは、役に立たない盾と同じである。たとえ神に殺されるようなことがあっても、ヨブは神に問い質《ただ》したいことがある、といった。信仰が「人の前」、すなわち人間を対象としているものであるために、見せかけの善意となることがある。ヨブは人間のいつわりの行為に対して、自分の道を公正な「神の前」に申し立てようというのである。

倫理や道徳は、「人間の立場」であり、宗教や信心は、「神の立場」である。人間の立場と神の立場がどのような関係にあるのか、そこにヨブの本質的な問題があった。

こうしたヨブの態度は、モーセからのちの旧約聖書の預言者に、共通してみられるのである。それは預言者が、「民の立場」と「神の立場」を取り次いで、執り成しの役割を果たすことであった。

ヨブは預言者と同じように、神の立場と人間の立場、すなわち神と自己という二つの間で苦悩しなければならなかった。このように神と人間の間には深い溝があり、ヨブの友人たちは宗教と倫理を混同し、この溝を少しも意識していなかった。

神と自己の間に立ち苦悩しているヨブを、神は救ってくださるべきではないか、と彼は懇願した。ヨブが神を信じない者であるとするなら、神の前に出てくるはずがないのである。

罪と悪がどれほどわたしにあるのでしょうか。
わたしの罪咎《つみとが》を示してください。
なぜ、あなたは御顔を隠し
わたしを敵と見なされるのですか。（一三章の二三、二四）

ヨブは神に、どのような罪や悪がわたしにあるのか、もしあるのならわたしの罪咎を見せてください、と訴えた。神は姿をあらわさず、ヨブの訴えを聞き入れることもなかった。神はヨブを敵とみなし、怒っているように思えた。
聖書の信仰は、人間の不幸を解き明かし、容易に傷を治すものではない。むしろそれは、自分自身の弱さ、罪深さ、傲慢さ、空虚さなど、人間に起こる問題をより深く考察し、真理を探究するものなのである。

ヨブ記一九章

神は兄弟をわたしから遠ざけ　知人を引き離した。
親族もわたしを見捨て　友だちもわたしを忘れた。
わたしの家に身を寄せている男や女すら
わたしをよそ者と見なし、敵視する。
僕を呼んでも応えず　わたしが彼に憐みを乞わなければならない。
息は妻に嫌われ　子供にも憎まれる。
幼子もわたしを拒み　わたしが立ち上がると背を向ける。
親友のすべてに忌み嫌われ　愛していた人々にも背かれてしまった。

骨は皮膚と肉とにすがりつき　皮膚と歯ばかりになって
わたしは生き延びている。
憐れんでくれ、わたしを憐れんでくれ　神の手がわたしに触れたのだ。
あなたたちはわたしの友ではないか。
なぜ、あなたたちまで神と一緒になって　わたしを追い詰めるのか。
肉を打つだけでは足りないのか。（一九章の一三―二二）

ヨブの重度の皮膚病による息の悪臭は、妻に嫌われた。ヨブは、兄弟、知人、親族、友人、僕婢、子供にも、見捨てられ、敵視され、憎まれ、忌み嫌われてしまった。ヨブは骨と皮と歯ばかりでやせて衰弱し、やっと生きている悲惨な境遇にあった。これに耐えかねたヨブは、憐れんでくれと懇願し、友人たちは神と一緒になってわたしを追い詰め、肉を打つだけでは足りないのか、といって嘆いているのである。

どうか
わたしの言葉が書き留められるように

碑文として刻まれるように。
たがねで岩に刻まれ、鉛で黒々と記され
いつまでも残るように。
わたしは知っている
わたしを贖《あがな》う方は生きておられ
ついには塵《ちり》の上に立たれるであろう。
この皮膚が損なわれようとも
この身をもって
　わたしは神を仰ぎ見るであろう。
このわたしが仰ぎ見る
ほかならぬこの目で見る。
腹の底から焦がれ、はらわたは絶え入る。（一九章の二三―二七）

一九章の二三節から二七節は、ヨブ記の思想が凝縮されている。ヨブは不幸のどん底に突き落とされ、彼の妻、兄弟、知人、親族、友人、僕婢にも嫌われ、見放されてしまった。

これまで論駁《ろんばく》しあっていた友人たちに、憐れんでくれと懇願しても、彼らは高圧的な態度をとって、ヨブに同情するそぶりを見せなかった。ヨブは頼る者が誰もいなくなり、絶対的な孤独のなかにあって、絶望の淵に追い詰められてしまった。

ヨブが絶望の淵から望んだことは、自分の言葉が書き留められるように、書籍として残すことであった。さらに書籍では焼失することもあるので、たがねで岩に刻み、鉛で黒々と記し、碑文として永久に残すことを求めた。

ヨブは書籍や碑文でこの惨状を後世の人びとに伝え、自分が義《ただ》しいことを再評価してくれることに望みを繋《つな》いだ。しかし、後世で評価するのも人間である。後世の人びとが義しく評価する保証は、どこにもないことにヨブは気づいた。再び絶望がヨブを襲った。

ヨブは死後に委ねるのではなく、生きているあいだに自分の義を証明してくれる贖う者、すなわち仲裁者を神に求めた。

神には、「怒りの神あるいは裁きの神」と、「和らぎの神あるいは執り成しの神」の二面の働きがある。ヨブは、自分と怒りの神の間に立ち、自分の立場から執り成してくれる神を望んでいた。

ヨブを贖う方は生きておられ、最後には必ずこの地上に立ち、彼の義が証明されるであろう。ヨブは重度の皮膚病のために痩せ衰え、骨と皮と歯ばかりになっても、贖いの神を必ず自分自身の目で、しっかりと仰ぎ見ることを確信していた。

ヨブが死ぬ前には、必ず執り成しの神がこの地上に立ち、彼の義が証明されることを、はらわたが焼け焦げるほどに、こころの底から切望しているのである。

このあと三二章から三七章までは、ヨブや三人の友人よりも年が若い、ブス人エリフが登場する。エリフひとりによる説教が、延々と続く。

ヨブ記四二章

ヨブは主に答えて言った。
あなたは全能であり
御旨《みむね》の成就を妨げることはできないと悟りました。
「これは何者か。知識もないのに
神の経綸《けいりん》を隠そうとするとは。」

そのとおりです。
わたしには理解できず、わたしの知識を超えた
驚くべき御業をあげつらっておりました。
「聞け、わたしが話す。
お前に尋ねる、わたしに答えてみよ。」
あなたのことを、耳にしてはおりました。
しかし今、この目であなたを仰ぎ見ます。
それゆえ、わたしは塵と灰の上に伏し
自分を退け、悔い改めます。（四二章の一―六）

ヨブ記四二章を説明する前に、ヨブ記三八章から四一章について簡単に述べておくことにする。主（ヤハウェ）は、突然嵐の中からあらわれて、宇宙や地球の自然を創造したのは、神であることをヨブに語りはじめた。

三八章の一節から三八節までは、大地、星、雲、濃霧、朝、海、光、風、雨、銀河などの宇宙や地球と自然現象、三八章の三九節から四一章までは、山羊《やぎ》、雌鹿、野ろば、野牛、駝鳥《だちょう》、

ヨブに教えた。
鷲《わし》、烏、馬、河馬《かば》、鰐《わに》などの動物について語り、全能者としての神の力が、無限であることを

ヨブはこれらの話を聞いて、自分が無力であることを悟り、神の前にひざまずいて懺悔《ざんげ》した。このときのヨブを内村鑑三は、「苦悶《くもん》者の真の行き場所は教会にあらず、教師にあらず、宗教書類にあらず、神の所作物たる自然の万物万象である」と説明している。どうしてヨブが懺悔する心境に至ったかについて、「彼の受けし苦難、彼の抱きし希望、これが彼の天然観を変えたのである」と述べている（『ヨブ記講演』）。

日本の神社は、山、森、滝、川、岩、海岸、島など、自然のなかに建立しているものが多くみられる。神道とヨブ記の思想は、とてもよく似ている。

ここからは、四二章について述べることにする。

ヨブは神の「全知全能」と「創造と支配」を認め、自分の無知無力を悟り、神の経綸には逆らえないことを知った。

人間の知識には限界があり、宇宙万物をつかさどる神の御業は、人間の道徳や科学を超えている。ヨブは自分自身が無知であることを悟り、神が全能であることを認めたときに、信仰の目が開かれたのである。

神は、「聞け、わたしが話す。お前に尋ねる、わたしに答えてみよ。」といい、ヨブは念願であった、神との対話が実現した。

「耳にする」とは、神を間接的に知っていることであり、「仰ぎ見る」とは、直接的に神を見て対話することである。すなわち人から聞いて聖書の言葉を知るということではなく、直接自分の目で聖書を読み、神と対話しなければならないことを意味している。

一九章で、ヨブは執り成しの神がこの地上に立ち、自分の義が証明されることを切望していた。しかし全知全能である神の摂理《せつり》を認めたときに、それが自分のエゴであることに気が付いた。

ヨブは神との対話により、自分の無知を悟り、神の摂理を認め、塵と灰の上に伏して自分のエゴを退け、悔い改めることができたのである。

主はこのようにヨブに語ってから、テマン人エリファズに仰せになった。

「わたしはお前とお前の二人の友人に対して怒っている。お前たちは、わたしについてわたしの僕ヨブのように正しく語らなかったからだ。しかし今、雄牛と雄羊を七頭ずつわたしの僕ヨブのところに引いて行き、自分のためにいけにえをささげれば、わたしの僕ヨブはお前たちのために祈ってくれるであろう。わたしはそれを受け入れる。お前たちはわたしの僕ヨブのようにわたしについて正しく語らなかったのだが、お前たちに罰を与えないことにしよう。」

テマン人エリファズ、シュア人ビルダド、ナアマ人ツォファルは行って、主が言われたことを実行した。そして、主はヨブの祈りを受け入れられた。

ヨブが友人たちのために祈ったとき、主はヨブを元の境遇に戻し、更に財産を二倍にされた。（四二章の七―一〇）

ヨブの三人の友人は、人から聞いた賞罰応報主義を誇示し、彼の子供たちは重い罪を犯したから死んだのである、彼が皮膚病で苦しんでいるのは自分自身罪を犯したからである、といって非難した。

このように神の真意ではない教義や常識などをつかい、ヨブを批判した三人の友人に対して、神は怒っているのである。

一方においてヨブは、熱望していた神との対話が実現した。一九章で、ヨブは生きているあいだに、自分の義が証明されることを、執り成しの神に懇願していた。しかし宇宙万物を創造した神を認め、自分の無知を悟り、それが自分のエゴであることに気づいたヨブは、悔い改めて再出発することができた。

友人たちは、神が命じたように雄牛と雄羊を七頭ずつ引き連れて、ヨブのところにやってきた。そこでヨブは、神と友人たちを執り成して、それらを神に捧げて祈った。これを見たヤハウェは、三人の友人を罰しないことにした。

こうしてヨブが、友人たちのために祈ったのを見て、ヤハウェはヨブを当初の状態に戻し、さらに財産を二倍にされたのであった。


長い人生のあいだには、いままで順調であったとしても、ある日突然不幸に見舞われることがある。自分は何も悪いことをしていないのに、どうしてこんな目にあうのだろう。そう思うことがある。

人間は、神のように完全ではない。自分の弱さを悟り、ありのままの姿で神と対話をして悔い改めるときに、神の祝福がある。

ヨブ記は、神と人間の関係をいいあらわしていて、宗教の枠また民族の枠を超えて普遍的であるゆえに、すべての人の心を揺り動かすのである。

ヨブ記は苦難に遭遇しても、忍耐してそれを乗り越えることが、人生を豊かにする「糧《かて》」となることを教えている。

2　国民生活の向上

一億総中流

内閣府で実施した国民生活に関する世論調査によると、生活の程度は、世間一般からみてどうか質問したところ、「中の上」・「中の中」・「中の下」と答えた人の割合が、一九七〇（昭和四五）年は約九割となった。

その年の日本の人口が、およそ一億人であったことから、「一億総中流」といわれるようになった。

日本国民の約九割が中流意識をもつまでには、明治維新から数えて、およそ一〇〇年を要している。この間、多くの人びとの努力と犠牲があったことを、現代と未来に生きる人びとは、忘却することがあってはならないであろう。

ところで明治維新は、江戸幕府の中央集権的封建制国家が崩壊し、新しい近代国家を形成するために行われた、政治・経済・社会などの広範囲にわたる改革であった。これにより江戸幕府の鎖国政策で閉ざされていた日本は、世界という大海原へ向かって船出することになったのである。

現代と未来を思考するために、明治と大正がどのような時代であったのか、森鷗外の文学作品を紐解いて、それを探っていくことにする。

文学者であり思想家でもあった鷗外の文学には、読者への時代的なメッセージが込められている。鷗外の文学作品は、彼自身が生きた江戸時代末期・明治・大正という激動の時代を色濃く反映し、「時代を映した鏡である」といっても過言ではないであろう。

鷗外は、陸軍軍医総監や陸軍省医務局長という要職を務めた陸軍軍医であったことから、彼の文学は必ずしも直接的に表現されているわけではない。そのため鷗外の文学は、封建制国家から近代国家の社会へ移行する過程において、日本人がどのように生きて行けばいいのか、暗示的に示唆している。

森鷗外は文学作品の他に、海外の雑誌や新聞をもとにした、世情や時代情報を伝える「椋鳥《むくどり》通信」を、文芸雑誌「スバル」に連載した。

冬になると、奥羽（東北地方）や信濃（長野県）などから江戸へ出稼ぎにやってくる人たちを、当時は、騒がしい田舎者の集団という意味で、椋鳥といっていた。「椋鳥通信」を掲載し、世界のなかの田舎者である日本人に、海外の新鮮な情報を伝えることは、意義深いものがあった。

つぎに明治維新が、現代に生きるわたしたちに、どのような影響を及ぼしているのかを知るために、「明治維新と現代」について述べることにする。

明治維新と現代

江戸時代後期の大方の庶民は、お正月、ひな祭り、七夕、お盆、お月見、秋の収穫祭など、季節折々の祭りや行事があって、貧しいながらもけっこう自由に慎《つつ》ましく暮らしていた。

商品経済も発達していて、豪農や豪商が台頭し、幾つも蔵を持つ富裕層もあらわれ、自由な経済活動が行われていた。

庶民や富裕層が、明治維新の担い手となることはなかった。革命を起こすほど、不満のエネルギーが、蓄積されていなかったからである。自由・平等・博愛を旗印に、民衆が蜂起したフランス革命とは、様相が大きく異なる。

明治維新のきっかけとなる、象徴的な事件が起きた。米国ペリー提督の浦賀来航である。この頃、日本の太平洋近海（伊豆・小笠原諸島周辺海域）は鯨《くじら》の好漁場で、外国の捕鯨船が行き交い、水や食料、燃料の補給基地を探していた。

ペリー提督はおよそ半年後に、再び浦賀に来航した。日米ともに紳士的な外交により、日米和親条約を締結して、下田と函館を開港した。これをもって将軍徳川家光の時代から、二〇〇年以上続いた鎖国に終わりを告げた。

英国艦隊は生麦事件の補償を求めて、薩摩藩と鹿児島湾で激突し、薩英戦争が勃発した。この戦争を契機に英国と薩摩藩は、今までとは異なる見識が生まれた。

英国はこの戦争で、薩摩藩が手強い相手であることを知った。地上戦では、勝つ見込みが少ないと予想していた。英国は清国との第二次アヘン戦争や、インドとの第一次インド独立戦争などによって、日本に派兵する余裕がなかった。

国際情勢は、ロシアの東アジア南下が迫ってきていて、英国で対処することは困難であった。そこで植民地にするよりも、誇り高い日本を近代化し、ロシアの東アジア南下を日英両国が協力して防ぎ、自分たちは貿易で儲《もう》ければいいと思うようになった。

薩摩藩は英国の近代兵器を目の当たりにして、欧米諸国と戦争しても勝てないことを悟った。このころ薩摩藩も含めて、全国の諸藩は尊王攘夷《そんのうじょうい》派がほとんどであった。しかしこのままでは、欧米列強の植民地にされてしまうと、危機意識をもった薩摩藩は英国に接近し、開国倒幕派へ傾斜して行く。

尊王攘夷派の急先鋒であった長州藩は、関門海峡を航行する米国や仏国などの艦船に、通告しないで砲撃していた。海峡封鎖で損害を受けていた、英・米・仏・蘭の四か国連合艦隊は、長州藩に報復し、関門海峡で衝突した。この事件を、下関戦争（四国艦隊下関砲撃事件）と呼んでいる。薩英戦争から、およそ一年後のことであった。

この戦争で長州藩は惨敗し、通訳の伊藤博文と高杉晋作らが講和の交渉に臨んだ。敗戦を契機に、今の戦力では攘夷が難しいと判断した長州藩は新技術を導入し、高杉を中心に開国倒幕派へ変わって行く。

明治維新の担い手は、藩主や藩士、公家、郷士《ごうし》などであった。長州藩、薩摩藩、公家の岩倉具視《ともみ》を中心として、佐賀藩と土佐藩が加わり、明治維新を主導した。外国人では、英国公使館の通訳アーネスト・サトウ、同国の武器商人トーマス・グラバー、米国の宣教師グイド・フルベッキらが活躍した。

いよいよロシアによる東アジア南下が、現実のものとなった。ロシアは、中国（清）の旅順と大連を租借し、満州や朝鮮半島にまで勢力を伸ばしてきた。日本は自国を防衛するためにも、ロシアと戦争せざるを得なくなり、日露戦争が開戦した。明治維新から、およそ三五年後のことであった。

世界中が注目する戦争となり、地上戦は日本が有利に展開していた。日本海軍の連合艦隊とロシアのバルチック艦隊が、日本海で激突し、日本の圧勝に終わった。

このあと日本とロシアは、ともに戦争を続けることが困難な状況となり、日本は米国に仲介を依頼した。小村壽太郎らが交渉にあたり、米国のポーツマスで日露講和条約が締結された。この戦争を足掛かりにして、日本は大陸に進出し、軍閥が台頭してくることになる。

英国は日本と同盟関係にあり、日本海海戦の勝利に大きく貢献した。米国は急速に近代化した日本を警戒するようになり、日本人の米国移住を禁止してしまった。

時が経過するにつれて米国は、本格的に日本を敵国とみなしはじめた。米国との対立が避けられなくなった日本は、太平洋戦争へ突入して行く。この戦争にいたるまで、軍閥の暴走を許した責任は、政治家や明治憲法にもあった。日露戦争から、およそ三七年後のことであった。

日本の敗戦は、国際社会に大きな変化をもたらした。ベトナムやインドネシアの残留日本兵が、それぞれの国の独立に貢献した。

欧米の植民地であったほとんどの国が独立し、国際連合で一票を投じることができるようになった。欧米の植民地支配による帝国主義に終わりを告げ、世界は国際協調主義の時代を迎えたのである。

太平洋戦争がトラウマになって、英国や米国と距離を置こうとする人たちがいる。中国は、人口、国土面積、経済力、軍事力で日本を圧倒している。日本は米国と同盟を結ぶことで、中国とバランスが保たれている。

強大な中国から日本を守るという地政学的リスクは、白村江《はくすきのえ》の戦いを契機に、千数百年のあいだ変わっていない。現代は、トラウマや感情、イデオロギーや理想ではなく、バランスと協調の時代である。英国や米国とうまく付き合っていくことが、日本の独立を守ることに繋がる。

明治維新以来、日本は英国や米国と関わり合いながら、成長し発展してきた。日本と英国は、ユーラシア大陸の東端と西端に位置する島国で、海洋国家の地政学的リスクがよく似ている。

日本と米国は海洋国家であり、太平洋を挟んで強固な同盟関係を構築している。日本は英国や米国と、民主主義国家という価値観も共有している。英国や米国と共に発展していくことが、日本の未来を明るく照らす「礎《いしずえ》」となるのである。

つぎは、「森鷗外の生涯」から、鷗外自身の人生と、彼の文学作品が生まれた時代的背景を見ていくことにする。

森鷗外

森鷗外の生涯

文久二（一八六二）年、森鷗外は石見国《いわみのくに》津和野（現・島根県津和野町）に、森家の長男として生まれた。森家は代々津和野藩主亀井家に、典医として仕えていた。五歳から九歳までのあいだに、論語や孟子、藩校養老館で四書五経、父や藩医・室良悦《むろりょうえつ》からオランダ文典などを学んだ。森家の嫡男として、周囲からも期待されていた。

明治五（一八七二）年、一〇歳のときに鷗外は、父と一緒に上京した。医学校の入学に備え、ドイツ語の習得を目指して、本郷にある私塾の進文学社に入門し、神田小川町に住む親族の西周《にしあまね》邸に仮住まいした。

一二歳で、第一大学区医学校予科（現・東京大学医学部）に入学した。このときは規定年齢に達していなかったので、実際の年齢に二つ加算し、万延《まんえん》元（一八六〇）年生まれとして手続きした。その後公的には、この生年を使うことになった。

一九歳のときに肋膜炎《ろくまくえん》を患い、東京大学医学部を卒業した。『河津金線君《かわずきんせんきみ》に質《ただ》す』が、はじめて読売新聞に掲載された。陸軍省に入り、東京陸軍病院に勤務した。

二二歳のときに、陸軍衛生制度と軍陣衛生学を研究するため、陸軍省派遣留学生としてドイツに留学した。ライプツィヒ大学では、師となるホフマン教授から学んだ。

二五歳のときに、北里柴三郎と一緒にコッホを訪問し、彼の衛生試験所に通って研究した。カールスルーエで開催された、第四回赤十字社国際会議に通訳として出席した。そのとき日本代表に代わって演説し、好評を博した。翌年、留学を終えてベルリンを発ち、日本に帰国した。ドイツに留学していたときの恋人で、『舞姫』のモデルとなったエリスが、鷗外を追いかけて来日し、一か月余り滞在した。しかし鷗外に逢うことはなかった。

二七歳になると、翻訳や文学活動を精力的に行い、みずから「しがらみ草紙」を創刊した。西周の友人であった、海軍中将男爵《だんしゃく》赤松則良《あかまつのりよし》の長女登志子と結婚した。西周が媒酌人《ばいしゃくにん》をつとめた。翌年、「国民之友」に、『舞姫』を発表した。長男於菟《おと》が誕生し、それから三週間後に赤松家の住まいを出て、妻登志子と離婚した。結婚しておよそ一年半後のことであった。本郷駒込千駄木町五七に移り住み、その房を千朶山房《せんださんぼう》といった（後に夏目漱石がここに住み、『吾輩は猫である』の舞台としたところである）。

三〇歳のときに、本郷千駄木町二一に引っ越し、おなじように千朶山房といった。千住から祖母や父母が移り住んで、ここに観潮楼《かんちょうろう》を建てた。

三二歳のときに、日清戦争が開戦した。第二軍兵站《へいたん》部の軍医部長として、中国（清）盛京省荘河花園口に上陸した。翌年、日清講和条約が成立し、宇品《うじな》に帰国した。台湾に赴任して、台湾総督府陸軍局軍医部長になった。およそ四か月の台湾勤務の後、東京に帰り軍医学校長に復職した。

三七歳のときに、第一二師団軍医部長として、北九州市小倉へ左遷となり、そこでフランス語を学びはじめた。小倉での生活は、地方の人情や文化に触れ、心身をリフレッシュするよい機会となった。

四〇歳になると、母の紹介により、判事荒木博臣《ひろおみ》の長女で、一八歳年下の志げとお見合いをしたのち、観潮楼で再婚した。第一師団軍医部長になり、新妻とともに帰京した。翌年、長女茉莉《まり》が誕生した。

四二歳のときに、日露戦争が開戦した。第二軍軍医部長に任命されて宇品を出航し、中国（清）金州猴児石の海岸から上陸した。陸軍では、白米が戦時兵食であったことからビタミンB₁が不足し、数十万人の兵士が脚気《かっけ》を患い、相当数の患者が死亡した。翌年、奉天《ほうてん》会戦に参加し勝利した。奉天残留のロシア赤十字社員の護送問題に全権を担って尽力し、九月、日露講和条約が調印された。夏目漱石が『吾輩は猫である』を、「ホトトギス」に発表した。

四四歳のときに、日露戦争が終結して東京に帰還した。山縣有朋《やまがたありとも》を中心に歌会「常磐会《ときわかい》」が発足し、鷗外は賀古鶴所《かこつるど》と一緒に幹事になった。祖母の清子が死去した。翌年、与謝野寛、伊藤左千夫らと、「観潮楼歌会」を毎月自宅で開催した。次男不律《ふりつ》が誕生した。陸軍軍医総監と陸軍省医務局長に任命された。

四六歳のときに、次男不律が百日咳で死去した。文部省の臨時仮名遣《かなづかい》調査委員会委員になり、文部省案に反対意見を述べた。ドイツからコッホ博士夫妻が来日し、歓迎の世話をした。翌年、次女杏奴《あんぬ》が誕生し、文学博士の学位が授与された。文芸雑誌「スバル」（昴）が創刊され、これを機会に文学活動が活発になり、いわゆる「豊熟時代」を迎えることになった。はじめての口語文体小説『半日』が、「スバル」に掲載された。

四九歳のときに、三男類《るい》が誕生した。『妄想《もうそう》』を「三田文学」に発表し、文芸委員会委員になった。

明治四五年・大正元年に、鷗外は五〇歳を迎えた。明治天皇が崩御《ほうぎょ》し、大喪《たいそう》の日に青山斎場へ行く途中、乃木大将夫妻の殉死《じゅんし》を知った。殉死の影響に応じて、最初の歴史小説『興津弥《おきつや》五右衛門《ごえもん》の遺書』が「中央公論」に掲載された。

五三歳のときに、『山椒大夫《さんしょうだゆう》』を「中央公論」に掲載した。大嶋陸軍次官に、陸軍軍医要職の辞意を申し出た。翌年、『高瀬舟《たかせぶね》』を「中央公論」に掲載し、母峰子が死去した。依願予備役になり、陸軍軍医総監と陸軍省医務局長の職を退いた。夏目漱石が、胃潰瘍《いかいよう》により死去した。

五七歳のときに玄文社から、翻訳集『蛙《かえる》』を出版した。はしがきに「わたくしは老いた。翻訳文芸を提《さ》げて人に見ゆるも恐らくは此書を以て終とするであらう。(中略)わたくしは蛙の両棲生活を継続することが今既に長きに過ぎた。帰りなむいざ、帰りなむいざ。気みじかな青年の鉄椎《てっつい》の頭の上にうちおろされぬ間に」と記した。新たに創設した、帝国美術院の初代院長に任命された。

大正一一年に、鷗外は六〇歳を迎えた。四月末に、英国皇太子を正倉院へ案内する目的で奈良を訪れ、翌月帰京した。

七月六日、友人の賀古鶴所《かこつるど》に、遺言の代書を頼んだ。

七月九日午前七時に死去し、病名は萎縮腎《いしゅくじん》と肺結核の症状もみられた。

墓碑銘は鷗外の遺言により、「森林太郎墓」とだけ、中村不折《ふせつ》の直書を用いて彫刻されている。

森鷗外の文学

森鷗外は、日本が明治維新によって開国し、新しい近代国家を形成しようとする黎明期《れいめいき》を駆け抜けた。

森家は代々津和野藩主亀井家に仕える典医であったことから、長男として生まれた鷗外は、医者になることが運命づけられていた。

幼いころから医者になるための教育を受け、一九歳で東京大学医学部を卒業すると、文部省派遣留学生としてドイツに行くことを希望し、父の病院を手伝っていた。そこで進路が決まらないでいる鷗外を、心配していた知人の推薦もあり、陸軍省に入省して東京陸軍病院に勤務した。

入省してから衛生学を修めると、ドイツ陸軍の衛生制度を調べるために、陸軍省派遣留学生としてドイツ留学を命ぜられた。

その後鷗外は、陸軍軍医として陸軍省医療部門のトップである、陸軍省医務局長までのぼりつめた。

一方において鷗外は、子供のころから漢文やオランダ語、ドイツ語などを学び、語学に堪能《たんのう》であった。それにともない国内外の文学書を数多く読み、一九歳のときには『河津金線君に質す』を、はじめて読売新聞に発表し、文学的才能においても頭角をあらわしていた。

鷗外が、もし希望どおり文部省派遣留学生としてドイツに行っていたとしたら、科学者になって研究に没頭し、文学は疎《おろそ》かになっていたかもしれない。本意ではない陸軍省に入り、陸軍省派遣留学生になったことで、かえって文学に寄り添うようになり、そこに生きる意義を見いだしていったのではないだろうか。

陸軍省の要職にありながら、鷗外が数多くの文学作品をのこすことができたのは、新しい国づくりを目指す明治という時代が、大らかで懐《ふところ》が深かったことを物語っている。

明治という時代が生み出した鷗外の文学には、いくつかの特徴がみられる。

鷗外は九歳ごろまで論語や孟子、藩校養老館で四書五経などを学んで武士の教育を受けた。

そのため『妄想』では、武士道とヨーロッパ文化の違いに葛藤する姿が描かれている。鷗外は陸軍軍医として、日清戦争と日露戦争に出征し、実際に戦場で戦争を体験している。トルストイや戦争に関する文学、あるいはさまざまな情報に接していたことについて推測する限り、戦争に対して矛盾の念を抱いていたことは、想像に難くないであろう。

鷗外はドイツに留学してヨーロッパの学問や思想を吸収し、その影響を受けた文学は、世界の田舎者である日本人がこれからどう生きればいいのか、暗示的に示唆している。『高瀬舟』のなかで、兄が弟の自殺を幇助《ほうじょ》する場面、また『堺事件』のなかで、箕浦猪之吉《みのうらいのきち》が切腹する場面は、医者が人体を解剖するときのように、観照的な描写である。そして、そのときの情景が、絵画のように浮かび上がってくる。

鷗外は、自身の作品『ヰタ・セクスアリス』のなかで、つぎのように述べている。

そのうちに夏目金之助君が小説を書きだした。金井君は非常な興味を以て読んだ。そして技癢《ぎよう》を感じた。そうすると夏目君の「我輩は猫である」に対して、「我輩も猫である」というようなものが出る。「我輩は犬である」というようなものが出る。

夏目金之助君とは、夏目漱石のことである。

森鷗外と夏目漱石は、明治・大正期文学界を代表する作家であった。この文から、鷗外は漱石に対してかなり意識していたことを、うかがい知ることができる。

ここからは、鷗外が文学作品のなかで、読者にどのようなメッセージを伝えようとしたのか、これについて見ていくことにする。

妄想

明治維新は、政治、経済、社会、軍事、教育、道徳、言語、思想、文化、科学、宗教などの広範多岐にわたる改革であった。

こうした広範囲にわたる改革を、数十年で推進できたのは、江戸時代後期になると、すでに教育（本書の「江戸時代後期の教育」を参照）や中央集権的組織などが、全国に普及していたことを挙げることができる。

森鷗外は陸軍軍医と文学者の立場から、これらの改革に影響を与えている。

『妄想』は江戸時代末期に生まれた鷗外が、ヨーロッパの学問や思想などを吸収しようと葛藤している、心の内面を描いている。
鷗外は『妄想』のなかで、つぎのように述べている。

自分は小さい時から小説が好きなので、外国語を学んでからも、暇があれば外国の小説を読んでいる。どれを読んで見てもこの自我が無くなるということは最も大いなる最も深い苦痛だと云ってある。ところが自分には単に我《われ》が無くなるということだけならば、苦痛とは思われない。

そう思うと同時に、小さい時二親が、侍の家に生れたのだから、切腹ということが出来なくてはならないと度々諭《たびたびさと》したことを思い出す。その時も肉体の痛みがあるだろうと思って、その痛みを忍ばなくてはなるまいと思ったことを思い出す。

しかし自分は日本人を、そう絶望しなくてはならない程、無能な種族だとも思わないから、敢《あえ》て「まだ」と云う。自分は日本で結んだ学術の果実を欧羅巴《ヨオロッパ》へ輸出する時もいつかは来るだろうと、その時から思っていたのである。

正直に試験して見れば、何千年という間満足に発展して来た日本人が、そんなに反理性的生活をしていよう筈はない。初から知れ切った事である。

凡《すべ》ての人為のものの無常の中で、最も大きい未来を有しているものの一つは、やはり科学であろう。

『妄想』は明治四四年、森鷗外が四九歳のときに、慶應義塾大学文学部に属する、三田文学会の機関誌である「三田文学」に発表された。

明治政府は日本の近代化を推進する目的で、欧米に留学生を派遣し人材の育成を図った。鷗外はそのなかのひとりとして、明治一七年、二二歳から四年間、陸軍衛生制度と軍陣衛生学研究のために、ドイツ留学を命ぜられた。

『妄想』から、日本とヨーロッパ文化の違いに苦悩する、鷗外の心境を読み取ることができる。鷗外は日本人にある高いポテンシャルに鑑《かんが》みて、やがて欧米と肩を並べ、日本で結んだ学術の果実をヨーロッパへ輸出する時代が、いつかはやってくることを確信していた。

今日では欧米と肩を並べるだけでなく、日本で結んだ学術の果実を世界中に輸出し、追い越す分野も出てきている。そのなかのひとつとして、世界で初めて蒸気機関車による鉄道を発明したイギリスへ、日本の高速鉄道が輸出されるようになったのである。

さらに日本から、数多くのノーベル賞受賞者を輩出するようになった。二〇一四年のノーベル物理学賞は、日本の赤﨑勇教授と天野浩教授と中村修二教授の三名が受賞した。

スウェーデン王立科学アカデミーによる受賞理由は、「明るくエネルギー消費の少ない白色光源を可能にした、高効率な青色ＬＥＤの発明」であった。「二〇世紀は白熱灯が照らし、二一世紀はＬＥＤが照らす」と称賛された。

森鷗外をはじめとして、日本の近代化の発展に、信念をもって努力した人たちがいて今日があることを、現代に生きるわたしたちは思い起こさなくてはならないであろう。

山椒《さんしょう》大夫《だゆう》

『山椒大夫』は大正四年、森鷗外が五三歳のときに、「中央公論」に発表された。

『山椒大夫』は、日本に古くから伝わる「さんせう太夫」という説話をもとに、鷗外が脚色した物語である。それは、「安寿《あんじゅ》と厨子王《ずしおう》」という題名の物語としても、よく知られている。

森鷗外は、古来の日本文化を継承しつつ、ヨーロッパの文化や思想を採り入れようとした。鷗外は『山椒大夫』が永く読み継がれることを意識して、当世風に創作したものと思われる。姉の安寿が弟の厨子王を、山椒大夫の追っ手から逃がす場面と、厨子王と母が佐渡で再会する場面は、読み返すたびに感動がこみ上げてくる。
それではここから、山椒大夫を見ていくことにする。

仏教とキリスト教

二人の子供は起き直って夢の話をした。同じ夢を同じ時に見たのである。安寿は守《まもり》本尊《ほんぞん》を取り出して、夢で据えたと同じように、枕元に据えた。二人はそれを伏し拝んで、微《かす》かな燈火《ともしび》の明りにすかして、地蔵尊の額を見た。白毫《びやくごう》の右左に、鏨《たがね》で彫ったような十文字の疵《きず》があざやかに見えた。

森鷗外は日本の近代化に、宗教が必要であることを認識していた。鷗外は、宗教的道徳観念を肯定している一方で、神話に対しては、懐疑的な態度をとっている。

鷗外は日本人の宗教として、仏教とキリスト教を考えていたようである。この文でいっている守本尊である地蔵尊とは仏教であり、白毫の右左に、鏨で彫ったような十文字の疵は、キリスト教をあらわしていると思われる。

個人主義

その年の秋の除目《じもく》に正道は丹後の国守《こくしゅ》にせられた。これは遥授《ようじゅ》の官で、任国には自分で往《い》かずに、掾《じょう》を置いて治めさせるのである。しかし国守は最初の政《まつりごと》として、丹後一国で人の売買《うりかい》を禁じた。そこで山椒大夫も悉《ことごと》く奴婢《ぬひ》を解放して、給料を払うことにした。大夫が家では一時それを大きい損失のように思ったが、この時から農作も工匠《たくみ》の業《わざ》も前に増して盛《さかん》になって、一族はいよいよ富み栄えた。

原話「さんせう太夫」では、国守となった厨子王が山椒大夫父子に復讐し、彼らを処刑してしまう。

ところが森鷗外の『山椒大夫』は、原話とは異なる物語の展開となっている。ここに鷗外が意図していた思想がある。

元服して正道と名のっている厨子王は、丹後の国守に任命された。正道は最初の政として、丹後一国で人の売買を禁止した。山椒大夫父子は処刑されるのではなく、彼らは奴婢を解放して、給料を払うようにした。すると以前よりも収穫が多くなり、一族はますます富み栄えたのである。

この引用文から読み取れる思想とは、個人主義である。山椒大夫は、奴婢を個人として尊重し、解放した。そして労働の対価として、給料を支払った。自律した個人はみずからの幸福を追求し、あわせて他人を尊重する、寛容性をもつことが要請されている。

日本が近代化を推進するうえで、個人主義は欠くことのできない思想であった。しかし当時の日本には、思想として個人主義を受容するだけの土壌が、まだできていなかった。

西欧的個人主義の思想が広まるには、戦後まで待たなければならなかったのである。

家族の絆

『山椒大夫』は、岩代《いわしろ》から筑紫《つくし》に行って帰らない父を、母と安寿と厨子王が尋ねて行くところから始まり、厨子王が佐渡へ渡った母を尋ねて、再会する場面で終わっている。物語は、父・母・姉・弟の家族の絆を、終始一貫して描き出している。

鷗外は、家族が信頼し助け合って生きていく姿を、伝えようとしたものと思われる。そこには日本の近代化にともない、あるべき家族の姿が描かれている。

ところで現代は、鷗外が思い描いていたような家族像となっているだろうか。

道徳の退行が原因で、さまざまな事件が引き起こされていることを見ても、宗教的道徳観念が浸透しているようには思われない。

西欧的個人主義の思想が正しく理解・伝播《でんぱ》されていないことから、それを利己主義と間違って捉えている人が多いようである。

核家族化が進行し、家族の絆《きずな》は薄れているように思われる。

そこで森鷗外の文学を手掛かりにして、自分の家族はどうあったらいいのか、問い直してみるのもいいかもしれない。

高瀬舟

『高瀬舟』は大正五年、森鷗外が五四歳のときに、「中央公論」に発表された。江戸時代後期に、神沢杜口《かんざわとこう》が記した「翁草《おきなぐさ》」という随筆集を、明治時代後期に、池辺義象《いけべよしかた》が校訂した書籍をもとに、鷗外が書いた小説である。

そのなかには、安楽死と財産の観念、という二つの大きな問題が含まれている。

安楽死

しかしそのままにして置いても、どうせ死ななくてはならぬ弟であったらしい。それが早く死にたいと云ったのは、苦しさに耐えなかったからである。喜助はその苦を見ているに忍びなかった。苦から救って遣《や》ろうと思って命を絶った。それが罪であろうか。殺したのは罪に相違ない。しかしそれが苦から救うためであったと思うと、そこに疑が生じて、どうしても解けぬのである。

森鷗外の第三子である不律は、百日咳にかかって亡くなった。これが、高瀬舟を書くきっかけになったといわれている。

この文でいっていることは安楽死（オイタナジー）であり、それは世界共通のテーマでもある。安楽死に定義があったとしても、そこに安住することはできない。なぜなら、安楽死に解答はないからである。

また一人ひとりその状況は異なり、家族や周囲の人たちの思いも、それぞれ異なるのである。

神から与えられた生を全うすることが、正論であるとするならば、安楽死は特異な存在、ということができるであろう。

財産の観念

庄兵衛《しょうべえ》は只漠然と、人の一生というような事を思って見た。人は身に病《やまい》があると、この病がなかったらと思う。その日その日の食がないと、食って行かれたらと思う。万一の時に備える蓄《たくわえ》がないと、少しでも蓄があったらと思う。蓄があっても、又その蓄がもっと多かったらと思う。かくの如くに先から先へと考て見れば、人はどこまで往って踏み止まることが出来るものやら分からない。それを今目の前で踏み止まって見せてくれるのがこの喜助だと、庄兵衛は気が附いた。

庄兵衛は今さらのように驚異の目を睜《みは》って喜助を見た。この時庄兵衛は空を仰いでいる喜助の頭から毫光《ごうこう》がさすように思った。

人間の財産に対する欲望には限界がない。その欲望は、どこまで行って踏み止まることができるのか分からない。それを踏み止まって見せているのが喜助である。

これは、仏教の教えでいう「少欲知足」である。つまり「少欲」とは、まだ得ていないものを、たくさん欲しがらないことであり、「知足」とは、すでに得ているもので、満足することを意味している。

森鷗外は、果たしてこのことだけを言いたかったのだろうか。もっと深い意味が、込められているのではないだろうか。

鷗外は日清戦争や日露戦争が開戦すると、陸軍軍医部長として戦地に赴任し、医療業務に従事していた。鷗外は陸軍省医療部門の要職に就任していて、直接国家の政策を批判できる立場ではなかった。しかし踏み止まることができない帝国主義に、疑念を抱いていたことは否定できないのである。

森鷗外の遺言

森鷗外は死に際して、宮内省や陸軍と決別するような遺言をのこしている。

「余ハ石見人《イハミジン》森林太郎トシテ死セント欲ス宮内省陸軍皆縁故アレドモ生死別ル、瞬間アラユル外形的取扱ヒヲ辞ス森林太郎トシテ死セントス墓ハ森林太郎墓ノ外一字モホル可《ベカ》ラス書ハ中村不折ニ依託シ宮内省陸軍ノ栄典ハ絶対ニ取リヤメヲ請《コ》フ」

(旧版岩波書店『鷗外全集』の原文から一部分抜粋)

森鷗外の文学は、ヒューマニズムに溢れている。

それは、人間としてどう生きればいいのか、日本人としてどう生きればいいのか、現代に生きるわたしたちに問いかけている。

そして、世界の田舎者である日本人が、世界へ向かって船出する勇気と希望を与えてくれたのである。

鷗外は、ずっと遠くを見ていたのである。

3　憲法という「資産」

遠い目標

日本国は、長い歴史と固有の文化を持ち、国民統合の象徴である天皇を戴く国家であって、国民主権の下、立法、行政及び司法の三権分立に基づいて統治される。

我が国は、先の大戦による荒廃や幾多の大災害を乗り越えて発展し、今や国際社会において重要な地位を占めており、平和主義の下、諸外国との友好関係を増進し、世界の平和と繁栄に貢献する。

日本国民は、国と郷土を誇りと気概を持って自ら守り、基本的人権を尊重するとともに、和を尊び、家族や社会全体が互いに助け合って国家を形成する。

我々は、自由と規律を重んじ、美しい国土と自然環境を守りつつ、教育や科学技術を振興し、活力ある経済活動を通じて国を成長させる。

日本国民は、良き伝統と我々の国家を末永く子孫に継承するため、ここに、この憲法を制定する。

これは、二〇一二（平成二四）年四月に発表された、自由民主党による日本国憲法改正草案の前文である。

これがそのまま、新しい日本国憲法前文になるかどうか、定かではない。いずれにしても、すべてを肯定することができないにしても、またすべてを否定することもできないであろう。

現行日本国憲法前文が超然《ちょうぜん》としているのに対して、日本国憲法改正草案前文は、日本国民に寄り添う内容となっている。日本は、どのような国家を形成しているのか、何を目標としているのか、という国家のアイデンティティーが明示されている。

このなかに登場する、家族と科学技術という言葉に、違和感を覚える人がいるかもしれない。

国家を構成する家族の概念は、アリストテレス、ジャン・ボダン、ジョン・ロックらの思想家によって提唱された、人類に普遍的な価値理念なのである。

森鷗外は科学について、「凡ての人為のものの無常の中で、最も大きい未来を有しているものの一つは、やはり科学であろう」と述べている。科学技術の振興は、日本の未来のために、有力な「遠い目標」となることができる。

ところで憲法学者や新聞などは、憲法を難しく論じている。むしろ憲法は論ずるものではなく、私たちの身近に存在するものである。

たとえば船が難破して孤島に漂流し、そこで自給自足してひとりで生きて行かなければならなくなったとき、憲法は何の役にも立たない。「立憲主義だ！」と叫んでみても、水や食料が降って湧いて来るわけではないのである。

しかし国家を形成し、市民として生きて行くためには、憲法はなくてはならない存在である。言い換えれば、国家のあるところに憲法が存在している、ということもできる。

そして生存している私たちの生命・身体・労働・自由・財産などの基本権を守ってくれるのは、憲法である。その意味において、憲法は「資産」ということができるのである。

グローバル化

日本における近代のグローバル化は、明治維新から始まると考えられる。

さて現代のグローバル化について、構造論や制度論などの立場から捉えることは、もはや適当ではない。グローバル化は、私たちの日常生活のなかで、常態化している。その具体例を、いくつか挙げてみることにする。

二酸化炭素の排出による地球温暖化にともなう異常気象は、ゲリラ豪雨《ごうう》となって幾度となく日本を襲っている。海面が上昇し、日本の海岸線が浸水する危機にさらされている。中東におけるテロリズムとの戦争は、日本にとって対岸の火事ではなくなってきている。テロリズムの脅威が、いつ日本を襲ってきても不思議ではないのである。

インターネットの普及により、情報のグローバル化は飛躍的に進化した。条件さえ整えば、世界中の人たちと交信し、情報を発信、交換できるようになった。

日本の株価は、世界の株価動向や経済状況などを反映して動いている。ある国で金融危機が起これば、世界中に波及して深刻な影響を与えることになる。

原油価格の動向は、世界の経済だけでなく、私たちの日常生活も左右している。価格が上昇すれば、ガソリン代、電気料金、日用品などの値段も上がる。

スーパーマーケットには、世界中の食品が販売されている。アメリカ産の豚肉、オーストラリア産の牛肉、メキシコ産のかぼちゃ、フィリピン産のバナナ、スペイン産のニンニクなどである。

新型コロナウイルスによるパンデミックは、数か月で世界中に感染が拡大し、世界の人びとを恐怖に陥れ、世界の経済に危機的な打撃を与えた。

ロシアによるウクライナへの軍事侵攻は、その国の人びとの平和を破壊し、世界の安全保障を根底から揺るがした。

このように現代のグローバリゼーションは、無意識のうちに世界と関わり合いながら生きている自分を、日常生活のなかで見いださせてくれるのである。

人びとの活動も、グローバルに展開している。日本人が世界中に出て行き、世界中の人びとを日本に受け入れて、世界のなかで日本の存在感を示すことが客観的に要請されている。

グローバリゼーションが世界を舞台に展開することによって、国家が相対化したり、国境が消滅したりするというのは幻想であり、それらが現実に起こることはない。グローバル化が進めば進むほど、日本人としてのアイデンティティーが求められるようになるのである。

無常

ゆく河の流れは絶えずして、しかも、もとの水にあらず。淀《よど》みに浮かぶうたかたは、かつ消えかつ結びて、久しくとゞまりたる例《ためし》なし。世中《よのなか》にある、人と栖《すみか》と、またかくのごとし。

鴨長明《かものちょうめい》は、自身の著書である『方丈記《ほうじょうき》』の巻頭で、このように綴《つづ》っている。それは、人の生と死、世のなかの盛衰興亡《せいすいこうぼう》と変遷を、河の水の流れにたとえて表現した傑作である。八世紀を経た今日になっても、その文学的価値が色あせることはない。恵まれた風土と、豊かで美しい自然に育まれた無常観は、日本人の心の底に深く永く生き続けている。

歴史を振り返ってみると、日本は幾多の天災や飢饉、社会的激動の時代を乗り越えてきた。政治に関しては、天皇を中心とする中央集権的律令国家、江戸幕府による中央集権的封建制国家、立憲主義に基づく近代的主権国家、現代議会主義民主制国家を形成し、時代の変遷とともに発展してきた。

ところで日本は歴史を見ても、国民が参加して憲法を制定したことが、まだ一度もない。国民が参加して憲法を改正することで、新しい民主主義の扉を拓き、日本人は自信と誇りをもち、力強く歩んで行くことができる。

「人間は本性上ポリス（国）的動物である」とアリストテレスが述べているように、人間は、政治と無関係に生きて行くことはできない。

したがって、国民にとって最も不幸なことは、政治の貧困である。

そうならないためにも政治家は、今起きている現象を、客観的・理性的・合理的に分析・判断し、問題を解決する能力と、二〇年後、三〇年後、五〇年後、一〇〇年後を見据えた将来目標（ビジョン）を策定し、推進する能力を兼ね備えていなければならない。

国民によって選ばれた政治家は、党利・党略、私利・私欲を捨て、さらに「徳」をもって国民の「幸福」に献身する覚悟があってこそ、人びとを豊かな人生へと導く「鍵」になるのである。

エピローグ

管仲がいた紀元前七世紀の中国（斉）や、アリストテレスがいた紀元前四世紀のギリシャでは、古代文明が栄えていた。

その頃すでに、日本の元になる国が動きはじめていた。弥生時代以降、中国大陸や朝鮮半島を経由して、人、文化、儒教、仏教、鉄や銅の鋳造技術、建築技術、律令制度などが渡来し、日本はしだいに発展していった。

七世紀にはいると、従来の倭の国から、「日本」という名前の国号を、中国（唐）に認知させようとした。

八世紀には、大宝律令の完成、『古事記』と『日本書紀』の編纂、東大寺大佛造顕《ぞうけん》、平城京から平安京への遷都などを経て、日本の独立国家としての地位が確立した。

時は一一世紀を超えて、ヨーロッパやアメリカの外圧により、鎖国から開国に向けて舵《かじ》を切った日本は、明治維新を迎えることになった。これまでの東洋文明から新たに西洋文明が流入し、今までにない日本の歴史的転換期となった。

明治二二（一八八九）年二月一一日、伊藤博文・金子堅太郎・井上毅《こわし》・伊東巳代治らによって起草された憲法典の発布式が、新しい皇居で執り行われた。その時代の憲法は、「文明国のシンボル」として観念され、これにより「ヨーロッパ文明によって認知された文明国」に参入することとなったのである（『文明史のなかの明治憲法』）。

森鷗外や三島由紀夫の文学作品を読んでいると、子供のころにお寺の境内《けいだい》で鬼ごっこをして遊んだ遠い記憶がよみがえり、どこか懐かしい気がする。

晩年の森鷗外は、忍び寄る戦争の影を、恐れていたのではないかと思われる。

昭和にはいると、三島由紀夫は、戦争・敗戦・アメリカ軍による占領、という現実と対峙しなければならなかった。それは三島にとって、宿命と呼ぶべきものであったかもしれない。

平成という時代は、昭和に産み落とされた憂鬱《ゆううつ》を引きずりながら、混沌（カオス）としていた。新しく迎えた令和という時代は、これまでにないほど政治力が問われることになるであろう。

現代は社会構造が複雑化し、仕事や学校、日常生活において、さまざまなストレスが容赦《ようしゃ》なく襲いかかってくる。

インターネット社会には、ドロドロとした欲望が渦巻いている。

ともすれば日々のストレスや欲望に、押し潰《つぶ》されそうになることがある。

それでもストレスや欲望と、向き合って生きて行かなければならない。

そんなときに史跡巡りをしたり、自然のなかに身を置いてみてはどうだろう。

自分が歴史という河の流れのなかにいること、神によって創られた自然の一部であることを思い起こさせてくれるはずである。

人類には歴史という遺産があり、神はかけがえのない地球を創造してくれたのである。


これまで豊かな人生について、皆さんと一緒に見てきました。読者一人ひとりが、豊かで幸福な人生を見いだす一助になれば幸いです。

あとがき

現代に連なる文明は、古代メソポタミア文明にまで遡ります。

地中海の文明（ギリシャ・ローマ・キリスト教）と融合して進化したのが、ヨーロッパの文明です。

日本における『古事記』や『日本書紀』の時代は、東洋文明というよりも、むしろ地中海文明の影響を受けています。

明治維新のときに、ヨーロッパの思想や科学技術を、数十年で採り入れることができたのは、決して偶然ではなかったのです。

日本人が、国家や社会あるいは個人において、こうした歴史を俯瞰《ふかん》して、意思決定し行動することは、とても大切です。

日本人が世界へ出て行くときも、臆することはないのです。本書を読んで、「世界史のなかの日本」の一端を見いだしていただければ、幸いです。

参考文献

『イソップ物語』　寺西武夫［訳注］　一九七四年　研究社出版
『イソップ寓話集』　中務哲郎［訳］　二〇一五年　岩波書店
『管子』　松本一男［訳］　二〇〇九年　徳間書店
『政治学体系論』　佐竹寛　一九九三年　法学書院
『アリストテレス　政治学』　山本光雄［訳］　一九九六年　岩波書店
『夜と霧』　ヴィクトール・E・フランクル
池田香代子［訳］　二〇一三年　みすず書房
『葉隠入門』　三島由紀夫　二〇一三年　新潮社
『仮面の告白』　三島由紀夫　二〇一三年　新潮社
『不思議な宮さま
東久邇宮稔彦王の昭和史』　浅見雅男　二〇一一年　文藝春秋
『聖書』　新共同訳　二〇一四年　日本聖書協会

『モーセ』　浅野順一　二〇一三年　岩波書店
『図解雑学　徳川家康』　中村晃　二〇〇二年　ナツメ社
『詳細図説　家康記』　小和田哲男　二〇一〇年　新人物往来社
『新考　伊能忠敬』　伊藤一男　二〇〇〇年　崙書房出版
『伊能忠敬』　小島一仁　一九九六年　三省堂
『伊能忠敬』　今野武雄　二〇〇二年　社会思想社
「生涯教育について（答申）第二六回答申（昭和五六年六月一一日）」　文部省
「平成一八年度　文部科学白書」
　第二部第一章第一節　生涯学習の意義と推進体制の整備　文部科学省
「平成二一年度　文部科学白書　概要版」
　第二部第一章　生涯学習社会の実現と教育政策の総合的推進　文部科学省
「我が国の文教施策」（昭和六三年度）
　第一部第一章第三節一　ＯＥＣＤのリカレント教育　文部省
「幕末期の教育」　学制百年史編集委員会　文部科学省
『生涯学習概論』　佐藤晴雄　二〇一〇年　学陽書房

『ヨブ記』 浅野順一 一九九三年 岩波書店

『聖書年表・聖書地図』 和田幹男 二〇一六年 女子パウロ会

『ヨブ記講演』 内村鑑三 二〇一五年 岩波書店

「国民生活に関する世論調査」 内閣府

『椋鳥通信（上）』 森鷗外 二〇一四年 岩波書店

『阿部一族・舞姫』 森鷗外 二〇〇六年 新潮社

『山椒大夫・高瀬舟』 森鷗外 二〇〇七年 新潮社

『ヰタ・セクスアリス』 森鷗外 二〇一四年 新潮社

『森鷗外集㈠現代日本文學大系7』 森鷗外 二〇一〇年 筑摩書房

『武士道』 新渡戸稲造 須知徳平［訳］ 二〇一五年 講談社

『日本国憲法〔全訂第4版〕』 長尾一紘 二〇一二年 世界思想社

『改正・日本国憲法』 田村重信 二〇一三年 講談社

『新しい国へ　美しい国へ　完全版』 安倍晋三 二〇一三年 文藝春秋

『17世紀イングランドの家族と政治思想』　金屋平三　二〇〇四年　晃洋書房
『グローバリゼーション』　正村俊之　二〇〇九年　有斐閣
『無常のうた』　平岡定海　一九九三年　毎日新聞社
『文明史のなかの明治憲法』　瀧井一博　二〇〇三年　講談社
『日本国史（上）』　田中英道　二〇二二年　育鵬社

豊かな人生　―平和を探す旅―

2024年９月６日　初版第１刷発行

著　　　者　小川俊弘

発行・発売　株式会社 三省堂書店／創英社
〒101-0051 東京都千代田区神田神保町1-1
Tel：03-3291-2295　Fax：03-3292-7687

印刷・製本　信濃印刷株式会社

落丁、乱丁本はお取り替えいたします。
定価はカバーに表示してあります。
ISBN978-4-87923-272-4　C0095